5

Forum Geschichte

Gymnasium Niedersachsen G 9

Das Römische Reich

Forum Geschichte

Das Kapitel aus Band 5 wurde erarbeitet von: Hans-Joachim Cornelißen, Götz Schwarzrock, Dr. Georg Schwind, Veronika Weidemann

Redaktion: Götz Schwarzrock
Bildassistenz: Franziska Becker
Grafiken und Illustrationen: Thomas Binder, Magdeburg; Elisabeth Galas, Bad Breisig; Carsten Märtin, Oldenburg; Matthias Pflügner, Berlin; Michael Teßmer, Hamburg; Hans Wunderlich, Berlin
Karten: Carlos Borrell Eiköter, Berlin
Technische Umsetzung: Arnold & Domnick, Leipzig
Layoutkonzept und Umschlaggestaltung: Ungermeyer – grafische Angelegenheiten, Berlin
Umschlagbild: Römische und griechische Überreste, Pergamonmuseum Berlin

www.cornelsen.de

Die Webseiten Dritter, deren Internetadressen in diesem Lehrwerk angegeben sind, wurden vor Drucklegung sorgfältig geprüft. Der Verlag übernimmt keine Gewähr für die Aktualität und den Inhalt dieser Seiten oder solcher, die mit ihnen verlinkt sind.

1. Auflage, 2. Druck 2020

Alle Drucke dieser Auflage sind inhaltlich unverändert und können im Unterricht nebeneinander verwendet werden.

© 2016 Cornelsen Verlag GmbH, Berlin

Druck: Athesiadruck GmbH

ISBN 9783062300516 (10er Pack)

PEFC zertifiziert
Dieses Produkt stammt aus nachhaltig bewirtschafteten Wäldern und kontrollierten Quellen.
www.pefc.de
PEFC/18-31-166

Das Römische Reich

Anhang

Das Römische Reich

Ganz Rom ist auf den Beinen, um seinen siegreichen Feldherrn zu feiern. Im Triumphzug geht es über das Forum, den Mittelpunkt der Stadt. Hier befinden sich die prunkvollsten Bauwerke und Tempel. Oben auf dem Kapitol wird der Sieger im Jupitertempel den Göttern opfern. Die Soldaten haben Hunderte Gefangene gemacht. Sie werden als Sklaven verkauft. Gleich kommen die großen Karren mit der Kriegsbeute, dazu die wilden Tiere aus den eroberten Gebieten. Diesmal soll ein riesiges Tier mit langem Hals aus Africa dabei sein.

Was möchtest du genauer über dieses Ereignis wissen? Notiere deine Fragen.

Triumphzug über das antike Forum Romanum, Computergrafik, 2011

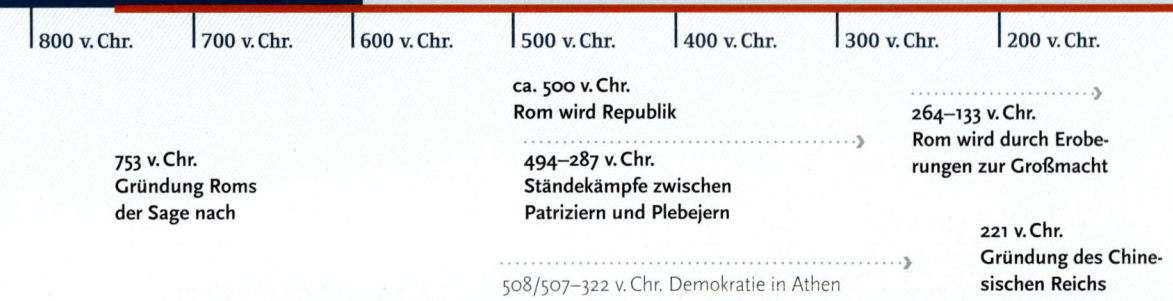

| 800 v. Chr. | 700 v. Chr. | 600 v. Chr. | 500 v. Chr. | 400 v. Chr. | 300 v. Chr. | 200 v. Chr. |

ca. 500 v. Chr.
Rom wird Republik

264–133 v. Chr.
Rom wird durch Erobe-
rungen zur Großmacht

753 v. Chr.
Gründung Roms
der Sage nach

494–287 v. Chr.
Ständekämpfe zwischen
Patriziern und Plebejern

221 v. Chr.
Gründung des Chine-
sischen Reichs

508/507–322 v. Chr. Demokratie in Athen

Das Römische Reich

Rom war lange Zeit eine kleine Stadt, vergleichbar mit
einer griechischen Polis. Doch anders als in Griechenland
wurde aus der kleinen Bauernsiedlung das Zentrum eines riesigen Weltreichs, das sich über drei Kontinente
5 erstreckte. Nur in Ostasien entstand zur gleichen Zeit
mit dem Chinesischen Reich ein ähnlich mächtiger Staat.
Das Römische Reich hat bis heute Spuren hinterlassen,
denn römische Lebensart und Kultur begegnen uns
noch immer: Einige von euch lernen die Sprache der
10 Römer im Unterrichtsfach Latein. Wir schreiben mit
lateinischen und nicht mit griechischen Buchstaben. Unsere Monatsnamen und unser Kalender sind römischen
Ursprungs. Wusstet ihr, dass viele unserer heutigen
Obstsorten von den Römern zu uns gebracht wurden?
15 Unser Gerichtswesen und unsere politische Sprache ent-
halten viele Begriffe aus römischer Zeit.
In diesem Kapitel kannst du folgende Fragen untersuchen:
• Wie organisierten die Römer ihr Zusammenleben?
20 • Welche Konflikte mussten sie lösen?
• Wie sah der Alltag im Römischen Reich aus?

Italien um 480 v. Chr.

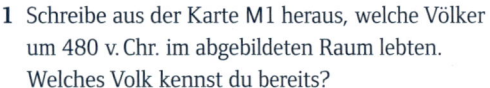

1 Schreibe aus der Karte M1 heraus, welche Völker
um 480 v. Chr. im abgebildeten Raum lebten.
Welches Volk kennst du bereits?
2 **Partnerarbeit:** In M2–M4 sind „Spuren" des Römischen Reichs abgebildet:
a) Besprecht, welche Spuren euch bereits begegnet
sind (z. B. bei einem Museumsbesuch, Film, Büchern,
Spielen).
b) Notiert in Stichworten: Was wissen wir schon
darüber? Was möchten wir noch wissen?

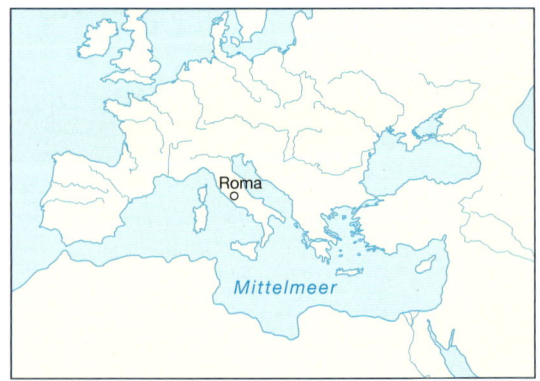

| 100 v. Chr. | Christi Geburt | 100 n. Chr. | 200 n. Chr. | 300 n. Chr. | 400 n. Chr. | 500 n. Chr. |

44 v. Chr.
Ermordung Caesars

117 n. Chr.
Größte Ausdehnung
des Römischen Reichs

391 n. Chr.
Christentum wird
Staatsreligion im
Römischen Reich

476 n. Chr.
Ende des Weströmischen
Reichs

27 v. Chr.–14 n. Chr.
Kaiser Augustus – Rom
wird zum Kaiserreich

Der Hafen von Puteoli (heute Pozzuoli) in der Bucht von Neapel, römisches Fresko, 1. Jh. n. Chr.

*Amphitheater der römischen Stadt Thysdrus (heute El Djem,
Tunesien), 1. Jh. n. Chr. Es war mit 35 000 Plätzen das drittgrößte
des Römischen Reichs.*

*Kinder haben sich im Limesmuseum in Aalen mit Kleidung und
Helm römischer Legionäre verkleidet, Foto, undatiert*

Wie ist Rom entstanden?

„Sieben-fünf-drei – Rom kroch aus dem Ei" heißt es in einem bekannten Vers.
- *Was haben heutige Wissenschaftler über die Entstehung Roms herausgefunden?*
- *Welche Geschichten erzählten sich die alten Römer über die Gründung ihrer Stadt?*

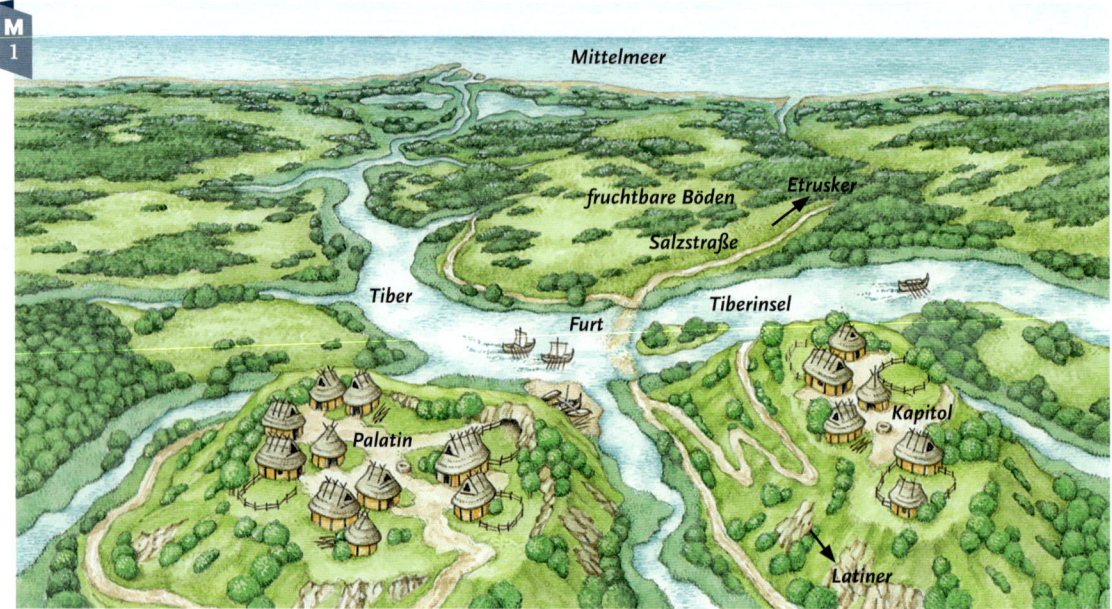

So sah die Gegend aus, in der Rom entstand. Nach heutigen Funden siedelten auf den beiden Hügeln die ersten Bewohner, Rekonstruktionszeichnung, 2014

Roms Entstehung aus Sicht der Sage

In Rom erzählte man sich gerne die Sage über die Gründung der Stadt im Jahr 753 v. Chr., wie du sie rechts nachlesen kannst. Um besondere Bedeutung in der Stadt zu erlangen, führten adlige Familien ihren Ursprung auf
5 berühmte Helden der Vergangenheit oder auf Göttinnen und Götter zurück. Das erscheint uns heute merkwürdig, aber im Altertum hielten es die Menschen für möglich, göttliche Vorfahren zu haben. Die Erzählung von einem gemeinsamen Ursprung und der Zusammengehörigkeit
10 einer bestimmten Gruppe nennen wir einen Gründungsmythos.

Wohnhaus aus Lehm und Stroh der ersten Bewohner Roms, Rekonstruktionszeichnung

Roms Entstehung aus Sicht der Archäologen

Um 1000 v. Chr. siedelten an der Stelle der späteren Stadt Rom die Völker der Sabiner und Latiner. Sie waren
15 Hirten und Bauern. Der Boden war fruchtbar und der Tiber ließ sich leicht durchqueren. Auf dem Handelsweg am Flussufer wurde das kostbare Salz vom Mittelmeer ins Hinterland transportiert. Allmählich wurde die Siedlung zu einem beliebten Handelsplatz, der durch einen
20 Graben und einen einfachen Wall geschützt wurde.
Um 700 wanderte das Volk der Etrusker ein. Die Etrusker brachten eine andere Lebensweise mit und sprachen eine ganz andere Sprache. Sie bauten Häuser aus Stein und Ziegeln und waren Fachleute für Wassertechnik. Die
25 Etrusker importierten Kunstgegenstände aus Ägypten wie aus Griechenland und beherrschten neue Verfahren der Metallverarbeitung. Um 600 v. Chr. legten die Etrusker die tiefer gelegenen Gebiete am Tiber trocken und bauten ein Forum, einen prächtigen Marktplatz, als
30 Stadtmittelpunkt. Sie schützten die Stadt durch eine neue Mauer.

Römische Wölfin, etruskische Bronzeplastik, um 500 v. Chr., Höhe 75 cm, Museo Palazzo dei Conservatorii, Rom. Die Plastik stand auf dem wichtigsten Hügel der Stadt, dem Kapitol. Die Zwillinge Romulus und Remus wurden erst um 1500 n. Chr. hinzugefügt. Nach neueren Metallanalysen könnte die gesamte Plastik erst viel später hergestellt worden sein.

M3

M4

Die Gründungssage der Stadt Rom

So hätten ein Römer oder eine Römerin die Sage über die Gründung ihrer Stadt erzählt:

Unser Stammvater ist Äneas, einer der berühmten Helden Trojas. Sein Vater war Anchises, seine Mutter die Göttin Aphrodite. Hier in Italien nennen wir sie Venus. Als Troja dem Untergang nahe war, floh
5 Äneas mit seinem Vater aus der Stadt. Nach langen Wochen auf See gelangten sie nach Karthago. Die karthagische Königin Dido verliebte sich in Äneas und tat alles, um ihn in ihrer Stadt zu halten. Aber Äneas wollte weiter segeln. Aus lauter Verzweiflung
10 beging Dido Selbstmord. Das haben uns die Karthager sehr übel genommen.
Schließlich landete Äneas in Italien – ziemlich genau da, wo sich heute der Hafen unserer Stadt Rom befindet. Dort lebte damals das Volk der Latiner. Ihr Ge-
15 biet nannten sie Latium. Äneas heiratete eine Tochter des Königs, und ihre Nachkommen herrschten viele Generationen über Latium.
Eines Tages gerieten zwei Königssöhne in Streit, wer der neue König werden sollte. Der Sohn ohne An-
20 spruch auf den Thron vertrieb seinen Bruder und dessen Tochter Rea Silvia. Er bestimmte, dass Rea Silvia Priesterin werden solle und damit unverheiratet und kinderlos bliebe. Da schritt Mars ein, der Gott der Landwirtschaft und des Krieges. Er zeugte
25 mit Rea die Zwillinge Romulus und Remus. Als der unrechtmäßige König davon erfuhr, ließ er die Zwillinge in einem Korb auf dem Tiber aussetzen. Der Korb wurde jedoch am Fuß des Palatin angeschwemmt. Vom jämmerlichen Geschrei angelockt,
30 trug eine Wölfin die Kleinen weg und säugte sie, bis ein Hirte die Jungen fand und aufzog.
Als Romulus und Remus Jahre später von ihrer Herkunft erfuhren, töteten sie den unrechtmäßigen König und gründeten auf dem Palatin eine Stadt. Bald
35 stritten auch Romulus und Remus um die Oberherrschaft. Romulus ließ eine Mauer um das Stadtgebiet errichten, die Remus lachend übersprang, um seinen Bruder zu ärgern. Voller Wut tötete Romulus seinen Bruder und schrie: „So soll es jedem ergehen, der
40 über die Mauern dieser Stadt steigt." Also wurde Romulus zum Gründer und Namensgeber unserer Hauptstadt.
Verfassertext

....

1 Betrachte M1 und M2. Nenne Gründe für einen Siedlungsplatz an dieser Stelle.

2 Lies die Gründungssage Roms (M4) und teile sie in Sinnabschnitte.

3 **Wähle eine Aufgabe aus:**
  a) Erzähle die Gründungssage Roms (M4) mit eigenen Worten nach.
  b) Notiere deine Vermutungen: Welche Wirkung sollte der Gründungsmythos auf Gegner Roms haben?

4 Vergleiche die Aussagen der Archäologie (Darstellungtext Z. 12–31) mit der Gründungssage der Stadt Rom (M4).

5 Betrachtet gemeinsam M3 und besprecht, welche Dinge seltsam erscheinen (z. B. die Größenverhältnisse oder Haltung und Aussehen von Romulus und Remus).

6 Beantworte die in der Überschrift dieser Doppelseite gestellte Frage aus heutiger Sicht.

Ist eine „familia" eine „Familie"?

Heute stellen wir uns unter einer Familie meistens Mutter, Vater und Kinder vor, auch wenn sich diese Auffassung in letzter Zeit stark verändert hat. In der altrömischen Gesellschaft lebten Eltern und Kinder in einer „familia" ebenso unter einem Dach.

- *Was unterschied eine römische „familia" von heutigen Formen der Familie?*

Szenen aus dem Leben eines römischen Kindes, Relief, um 150 n. Chr.

Die Bedeutung des pater familias

Der wichtigste Bereich im Zusammenleben war bei den Römern die Hausgemeinschaft der „familia". Darin besaß der Familienvater (pater familias) eine herausragende Stellung. Als Hausvater herrschte er über alle Dinge und
5 Personen seiner „familia", einschließlich seiner Ehefrau. Auch für die religiöse Erziehung und die Opfer für die Götter war er verantwortlich. Kein Gesetz schränkte seine Gewalt ein. Wer gegen die Entscheidungen des pater familias aufbegehrte, der verstieß gegen die Sitten der
10 Vorväter, die man stets zu achten hatte. Nach dem Tod des Familienvaters wurde der älteste Sohn zum neuen Familienoberhaupt.

Wer gehörte zur römischen „familia"?

Zur römischen „familia" zählten nicht nur Vater, Mutter
15 und Kinder, sondern auch Sklaven und Klienten. Die meisten Sklaven waren Kriegsgefangene aus den Eroberungszügen Roms. In selteneren Fällen konnten auch Menschen, die ihre Schulden nicht mehr bezahlen konnten, zu Sklaven werden. Sklaven arbeiteten in Haushal-
20 ten, als Handwerker und in der Landwirtschaft. Ein pater familias konnte seine Sklaven freilassen. Deren Kinder durften dann römische Soldaten werden. Klienten waren von der Familie abhängige Menschen wie Handwerker und andere Arbeiter. Sie lebten außerhalb des Hauses.
25 Der Hausherr sicherte den Lebensunterhalt der Klienten und lieh ihnen in Notlagen Geld oder Lebensmittel. Bei Streitigkeiten vertrat der Hausherr seine Klienten vor Gericht. Er war ihr Beschützer (= Patron). Als Gegenleistung stimmten die Klienten bei Abstimmungen in der
30 Stadt für ihren „pater familias". Je mehr Klienten ein Hausherr im alten Rom besaß, desto höher war sein gesellschaftliches Ansehen.

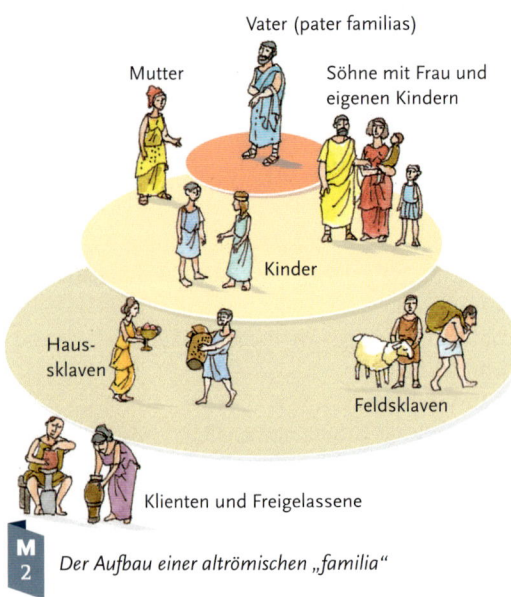

Der Aufbau einer altrömischen „familia"

Das Leben der Kinder in der römischen „familia"

Kam ein Kind zur Welt, legte die Hebamme das Neugeborene auf den Boden. Hob der pater familias das Kind auf den Arm, zeigte er damit, dass er es anerkannte. Ein missgebildetes Kind konnte ausgesetzt oder getötet werden. Die Kinder unterstanden lebenslänglich der Hausgewalt des Vaters. Solange er lebte, hatten die Söhne keinen Anspruch auf eigenen Besitz. Er bestimmte über die Erziehung, die Berufswahl und die Eheschließung seiner Kinder. Zudem musste er für den militärischen Schutz der Mitglieder seiner Familia sorgen. Im Extremfall durfte der pater familias Angehörige mit dem Tode bestrafen. Das musste er allerdings gegenüber den anderen Verwandten in einem Hausgericht rechtfertigen. Söhne und Töchter konnten nur vom Vater aus der Hausgemeinschaft entlassen werden. Dieser Akt hieß „emancipatio" (= aus der väterlichen Hand entlassen).

Formen der Eheschließung im alten Rom

Bei der Eheschließung gab es zwei Formen. Bei der älteren Form übernahm der Ehemann das Erbe der Frau. Nur wenn die Frau keine Kinder bekommen konnte oder Ehebruch beging, konnte die Ehe gelöst werden. In späteren Formen der Eheschließung blieb die Ehefrau rechtlich unter der Gewalt ihres Vaters. Eine Scheidung war ebenfalls möglich, wenn einer der Ehepartner diese erklärte. In solch einem Fall erhielt die Frau das in die Ehe mitgeführte Vermögen zurück.

Quintus, ein (erfundener) römischer Junge, stellt sich vor:

Ich bin Quintus. Ich bin schon zwölf Jahre alt! Meine Geschwister sind schon aus dem Haus. Mein Bruder Lucius ist 17. Er war ein Jahr bei meinem Großvater Gaius Aemilius, das ist der Vater meiner Mutter. Großvater hat Lucius in die Politik Roms eingeführt. Bald wird Lucius seinen Wehrdienst beginnen. Wenn Großvater etwas von den Taten unserer Vorfahren erzählt, höre ich gerne zu. Auch mit meinem Hauslehrer würde ich gerne solche Erzählungen lesen. Doch der hat mir Texte über Viehzucht vorgelegt, ausgesucht vom Vater. So etwas Langweiliges! Aber gegen Vaters Hausgewalt kommt halt keiner an. Wenn ich doch bloß erst so alt wäre wie Lucius. Vor zwei Jahren durfte er am Altar, der unseren Familiengottheiten geweiht ist, seine Kindertoga ablegen. Meine Schwestern Romilia und Claudia sind schon verheiratet. Meine dritte Schwester Caecilia ist Priesterin im Vestatempel und darf daher nicht heiraten. Aber alle sind stolz auf sie, auch unsere Sklaven und Klienten.

Verfassertext

Cornelia, eine (erfundene) Römerin, stellt sich vor:

Ich bin die Frau von Marcus Romilius. Seit zwanzig Jahren sind wir verheiratet. Mein Vater, Gaius Aemilius, hatte mit seinem Vater die neue Form der Eheschließung vereinbart. Deshalb unterstehe ich nicht der Verfügung meines Mannes, sondern der meines Vaters. So kann ich meine schöne Mitgift – das Vermögen, das ich von meinen Eltern für die Ehe erhalten habe – zurückverlangen, wenn Marcus und ich uns trennen sollten. Im Haus gibt es für mich viel zu tun, obwohl nur noch Quintus, der Jüngste, bei uns lebt. Ich bin für den Speisezettel verantwortlich und beaufsichtige die Köchin beim Brotbacken. Von meiner Mutter habe ich gelernt, wie man webt und spinnt. Hätte ich doch nur nicht so viel Arbeit damit, die Vorräte der Gutswirtschaft zu verwalten: Mehl, Eier und Unmengen von Trockenobst! Jupiter sei gedankt, dass Marcus mir nicht viel hineinredet. Nur sparsam muss ich sein. Aus dem Haus gehe ich nicht so oft wie mein Mann.

Verfassertext

1 Beschreibe anhand des Darstellungstextes die Stellung des pater familias in der römischen „familia".

2 Zeichne das Schaubild M2 in dein Heft ab. Trage Pfeile und Stichworte ein, die die Rechte und Pflichten der einzelnen Mitglieder der „familia" zeigen.

3 **Wähle eine Aufgabe aus:**
   Gib Vor- und Nachteile des Klientelwesens wieder:
   a) aus Sicht des Patrons **b)** aus Sicht des Klienten

4 **a)** Beschreibe mittels M1 und M3 das Leben der Kinder in der römischen „familia".
   b) Gruppenarbeit: Betrachtet M1 und stellt die Szene in einem Standbild nach.

5 Erläutere mithilfe von M2 und M4 die Stellung der Ehefrau Cornelia in der römischen „familia". Vergleicht sie mit der des pater familias.

6 Besprecht: Ist eine „familia" eine „Familie"?

Was hielt die römische Gesellschaft zusammen?

„Res publica" – aus dem Lateinischen übersetzt heißt das „öffentliche Angelegen-heit". So nannten die Römer ihren Staat. Aber war dieser Staat wirklich eine Sache des ganzen Volkes?

- *Auf dieser Doppelseite findest du heraus, was den Römern wichtig war und zu welchen Konflikten es in ihrer Republik kam.*

Das Gemeinschaftsgefühl der Römer

Alle Römer waren überzeugt, dass die Tüchtigkeit ihrer Vorfahren Rom groß und bedeutend gemacht hatte. In der Frühzeit Roms waren alle Einwohner Bauern. Sie mussten hart arbeiten und sparsam wirtschaften. Der
5 vornehme wie der einfache Römer sollte von der Land-wirtschaft leben. Handel und Geldgeschäfte galten als unehrenhaft. Selbst als in späteren Jahrhunderten Rom unermesslich reich wurde, Männer und Frauen in kost-barer chinesischer Seide gekleidet und mit Schmuck be-
10 hängt waren, betonten Politiker in ihren Ansprachen immer noch das Ideal der einfachen und sparsamen Lebensweise aus der Frühzeit. Die Römer versuchten mehrfach durch neue Gesetze den Hang zum Luxus ein-zudämmen. Dies erwies sich jedoch als wirkungslos.

Die Bedeutung der Religion

16 Die Römer verehrten – wie die Griechen – viele Götter. Oft waren es dieselben, nur mit lateinischen Namen. Römische Familien besaßen einen Hausaltar in Form eines Wandbildes oder eines Steinsockels. Hier wurden
20 das Hausfeuer umsorgt und die Hausgötter verehrt. Auch die Büsten der Vorfahren standen dort neben einer Statue des Stammvaters Äneas.

Die Religion berührte viele Lebensbereiche der Römer. So befragten sie beispielsweise vor einem Kriegszug die
25 Götter. Die dafür zuständigen Auguren waren römische Beamte, die bestimmte Zeichen wie den Vogelflug deu-teten, um den Willen der Götter zu erfassen. Anhand des Fluges und des Geschreis eines Vogels überprüften sie, ob die Götter mit einem geplanten Unternehmen einver-
30 standen waren. Mit Trank- oder Tieropfern und Gaben von Feldfrüchten sollten die Götter außerdem gnädig gestimmt werden. Öffentliche Kulte dienten dem Erfolg im Leben, der Abwehr von Unheil oder der Wiedergut-machung von Schuld.

Kämpfe zwischen Patriziern und Plebejern

35 Etruskische Könige herrschten ab 600 v. Chr. für rund 100 Jahre über Rom. Dann vertrieben adlige Römer, die Pferde und Waffen besaßen, den etruskischen Herr-scher. Diese adligen Römer, auch Patrizier genannt, teil-
40 ten Macht und Besitz unter sich auf und besetzten die hohen Ämter in Staat, Religion und Militär. Ihre Herr-schaftsform bezeichneten sie als Republik.

Um 500 v. Chr. hatte die „res publica" 35 000 männliche Bewohner und beherrschte ein Gebiet von rund 60 Kilo-
45 metern nach Süden. Im Krieg mussten die nichtadligen Bewohner, die Plebejer, als Soldaten zu Fuß aufbrechen, ihre Waffen selbst herstellen oder kaufen und ihre Höfe und Werkstätten im Stich lassen. Da die Plebejer nur einfache Bauern, Handwerker oder Händler waren, ver-
50 schuldeten sie sich für den Kriegsdienst bei den reichen Patriziern. Als im 5. Jahrhundert v. Chr. die römischen Gesetze im „Zwölftafelgesetz" niedergeschrieben wur-den, verbesserte sich ihre rechtliche Situation und sie bekamen Anspruch auf ein Stück Land aus den Erobe-
55 rungen. Dennoch kam es zwischen 494 und 287 v. Chr. zu ständigen Auseinandersetzungen zwischen Patriziern und Plebejern. Schritt für Schritt erreichten dabei die Plebejer eine Beteiligung an der Macht.

M 1

Hausaltar einer römischen Familie aus Pompeji mit Stein- und Gipsbüsten der Vorfahren, Foto, 2004

Münze mit der Göttin Concordia (= Eintracht), 42 v. Chr.

 Menenius Agrippa in einer Rede (494 v. Chr.):

Die Plebejer verweigerten den Wehrdienst und forderten einen Erlass der Schulden. Menenius Agrippa war von den Patriziern als Vermittler zu den Plebejern geschickt worden.

Früher war im Menschen noch nicht alles so perfekt wie heute. Jeder Körperteil hatte seinen eigenen Willen und seine eigene Sprache. Viele Körperteile ärgerten sich, dass sie nur für den faulen
5 Magen sorgen sollten, für ihn arbeiten und alles heranschleppen mussten. Der Magen tue doch nichts anderes, als sich an den mitgebrachten Dingen satt zu essen. Da fassten die anderen Körperteile folgenden Beschluss: Die Hände soll-
10 ten keine Nahrung mehr zum Munde führen, der Mund nichts annehmen und die Zähne nichts kauen. Da sie den Magen durch Hunger schwächen wollten, merkten sie bald, dass auch sie selber schwach und elend wurden. Da sahen sie ein,
15 dass der Magen nicht nur faul war. Wurde er ernährt, dann stärkte er durch sein Blut auch die anderen Körperteile.

Titus Livius, Ab urbe condita libri, Buch 2, 32. Zit. nach http://www.thelatinlibrary.com/Livy/liv.2.shtml (19. 5. 2014). Übers. d. Verf.

 Aus dem Zwölftafelgesetz (um 450 v. Chr.):

Lange Zeit wurden die Gesetze Roms nur mündlich überliefert. Das Zwölftafelgesetz war eine schriftliche Gesetzessammlung, die auf zwölf Tafeln auf dem Forum Romanum ausgestellt wurde, damit jeder die Gesetzestexte sehen konnte.

- Wer vor das Gericht gerufen wird, der muss hingehen ... Wenn er nicht geht, Ausflüchte macht oder fliehen will, soll er verhaftet werden.
5 - Wenn jemand ein Körperteil verstümmelt, soll der Täter das Gleiche erleiden oder sich mit dem Verletzten einigen.
- Hat jemand nachts einen Diebstahl begangen und wurde der Dieb dabei getötet, dann war
10 das rechtens.
- Hat das Gericht eine Geldschuld festgesetzt, hat der Schuldner 30 Tage Zeit zur Tilgung seiner Schuld.
- Zahlt der Schuldner seine Schuld nicht, kann
15 der Gläubiger ihn mit einem Strick fesseln und Fußfesseln mit 15 Pfund Gewicht anhängen.

Das Zwölftafelgesetz, Tafel 1 und 3. Zit. nach Rudolf Düll (Hg.), Das Zwölftafelgesetz, 3. Aufl., München (Heimeran) 1959. Übers. v. Rudolf Düll, bearb. v. Verf.

....

1 Untersuche anhand des Darstellungstextes und M1 die Bedeutung der Vorfahren für die Römer.
2 Gib die Rede M3 in eigenen Worten wieder.
3 Besprecht in der Klasse:
   a) Was hätte ein Patrizier zu dem Streik (M3) vermutlich gesagt?
   b) War der Streik der Plebejer deiner Meinung nach berechtigt?
4 Erkläre, warum auf der Münze M2 die Göttin Concordia abgebildet ist. Schreibe auf, was der Handschlag bedeuten könnte.

5 **Wähle eine Aufgabe aus:**
   a) Ein Athener besucht im 5. Jahrhundert v. Chr. Rom – was könnte er den Athenern nach seiner Rückkehr über Rom berichten?
   b) Ein Römer besucht im 5. Jahrhundert v. Chr. Athen – was könnte er den Römern nach seiner Rückkehr über das Scherbengericht erzählen?
   c) Informiere dich mithilfe des Darstellungstextes sowie M4 über das Zwölftafelgesetz. Erkläre, welche Folgen es für einen einfachen Plebejer hatte.

Webcode: FG2300516-013
Ständekämpfe

Ein Schaubild auswerten

In fast allen Staaten regelt heute eine Verfassung als „Grundgesetz" das Zusammenleben der Menschen. Auch im Römischen Reich gab es eine solche Ordnung. Um die Verfassung eines Staates darzustellen, verwenden Historiker häufig Schaubilder. Wie du ein solches Schaubild richtig entschlüsselst, erfährst du hier. Am Ende kannst du folgende Fragen beantworten:
- *Wie wurde die römische Republik regiert und verwaltet?*
- *Wie war die Macht verteilt?*

Der Senat

Der Senat war das Zentrum der politischen Ordnung, denn hier wurde über die Grundzüge der Politik sowie über Krieg und Frieden entschieden. Tagungsort des Senates war die „Curia" am Rande des Forum Romanum.
5 Im Senat saßen 300 (später 600) Männer der einflussreichen Patrizierfamilien. Ab 300 v. Chr. durften auch wohlhabende Plebejer Senatoren werden.

Die Magistrate

Die römischen Beamten hießen Magistrate. Damit sie
10 ihre Macht nicht missbrauchen konnten, blieben sie immer nur für ein Jahr im Amt (Prinzip der Annuität). Jedes Amt wurde mit zwei Männern besetzt (Prinzip der Kollegialität). Zwei Konsuln standen an der Spitze des Staates. Hinzu kamen weitere Beamte: Sie waren für das
15 Gerichtswesen (Prätoren), die öffentliche Ordnung (Ädile) und die Finanzen (Quästoren) zuständig. Zensoren überwachten die Sitten und die Steuereinnahmen. Schied ein Beamter aus seinem Amt aus, wurde er Senator. Nur reiche Römer konnten sich die Tätigkeit als Be-
20 amte leisten, denn es waren Ehrenämter ohne Bezahlung. Um in ein hohes Amt gewählt zu werden, mussten römische Männer tief in die Tasche greifen: Bestechung war an der Tagesordnung. Wer nicht gut reden konnte, der musste einen Redner bestellen und bezahlen.

25 ### Welche Aufgabe hatten die Volkstribune?

Die zehn Volkstribune wurden von der Versammlung der Plebejer gewählt. Sie schützten die Rechte der Plebejer. Die Volkstribune konnten alle Entscheidungen des Senats und der Magistrate blockieren. Dazu genügte es,
30 das Wort „Veto" (= ich verbiete) auszusprechen.

Die Volksversammlung

In der Volksversammlung kamen alle wehrfähigen Männer Roms zusammen, Patrizier wie Plebejer. Ausgeschlossen waren Frauen, Sklavinnen und Sklaven. Vor-
35 aussetzung für den Zugang zur Volksversammlung war das römische Bürgerrecht. In der Volksversammlung wurde aber nicht wie in Athen nach Personen abgestimmt, sondern nach Vermögen. Daher hatten reiche Bürger viel mehr Einfluss als arme. Auch bei der
40 Abstimmung nach Wohnbezirken waren die reichen Bürger im Vorteil. Jeder der 35 Wohnbezirke hatte eine Stimme. Der größte Teil der einfachen Bevölkerung lebte in der Stadt, aber es gab nur vier städtische Wohnbezirke. Die anderen 31 Bezirke lagen auf dem Land, und
45 ärmere Römer dort konnten sich die Anreise in die Stadt nicht leisten. Daher gaben nur die vermögenden Bürger vom Land ihre Stimme ab.

In einer Sache waren sich Patrizier und Plebejer aber einig: Sie lehnten jede Form von Alleinherrschaft ab. Nur
50 in Zeiten großer Gefahr für den Staat, etwa durch Bedrohung von außen, konnte ein Diktator für die Dauer von höchstens sechs Monaten bestimmt werden.

M 1 Anzahl stimmberechtigter Römer mit römischem Bürgerrecht (Italien vom Fluss Po bis zur Südspitze):

Um 300 v. Chr.:	35 000 (Schätzung)
130 v. Chr.:	300 000 (Schätzung)
69 v. Chr.:	910 000 (Volkszählung)

Zahlen nach Robin Lane Fox, Die klassische Welt, Stuttgart (Klett) Sonderausgabe 2013, S. 137, 139 und 383.

1 **Partnerarbeit:** Notiert in einer Tabelle die wichtigsten Institutionen der römischen Republik.

Versammlung/Amt	Aufgaben
Volksversammlung	

2 Werte M2 mithilfe der Arbeitsschritte in der Tabelle aus. Ergänze die Lösungshinweise, die du in der rechten Spalte vorfindest.

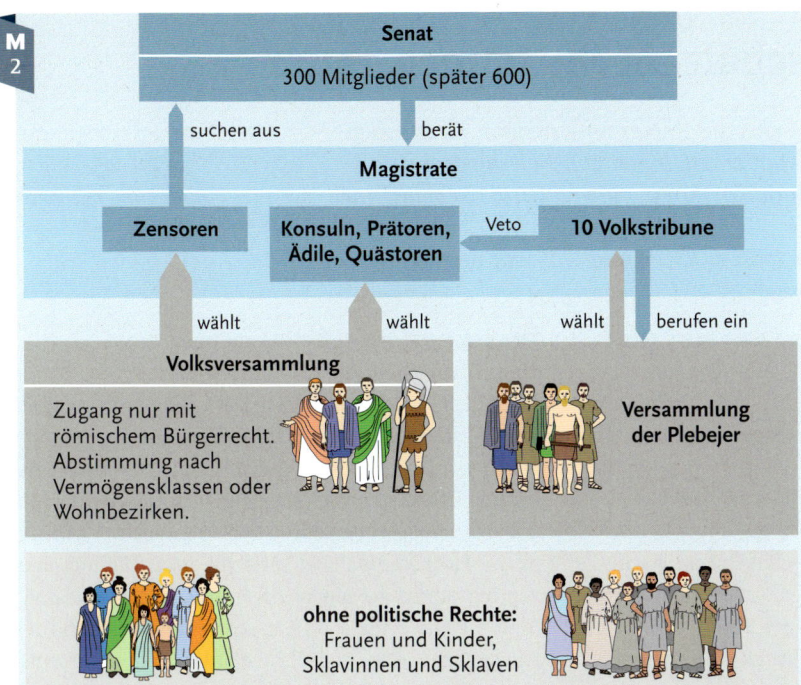

M2

Senat
300 Mitglieder (später 600)

suchen aus   berät

Magistrate

| Zensoren | Konsuln, Prätoren, Ädile, Quästoren | Veto | 10 Volkstribune |

wählt   wählt   wählt   berufen ein

Volksversammlung

Zugang nur mit römischem Bürgerrecht. Abstimmung nach Vermögensklassen oder Wohnbezirken.

Versammlung der Plebejer

ohne politische Rechte: Frauen und Kinder, Sklavinnen und Sklaven

Die Verfassung der Römischen Republik

Arbeitsschritte „Ein Schaubild auswerten"

Einzelne Elemente des Schaubildes erfassen	Lösungshinweise zu M2
1. Welche Fachbegriffe werden verwendet und müssen geklärt werden?	• *z. B. Magistrat, Senat, Zensor ...*
Aufbau des Schaubildes untersuchen	
2. Wie ist das Schaubild zu lesen?	• *Das Schaubild lässt sich am besten von unten nach oben lesen, weil ...*
3. Welche Versammlungen und Ämter gab es?	• *Es gab die Volksversammlung und ...* • *Zu den Ämtern der römischen Republik gehörten ...*
Inhalt vertiefen und bewerten	
4. Was waren die Aufgaben der einzelnen Ämter und Versammlungen?	• *Die ... waren zuständig für ...* • *Die Volksversammlung wählte ...*
5. Wie war die Macht im Staat verteilt?	• *Der Senat steht im Schaubild ganz oben, weil ...* • *Ohne politische Rechte waren ...* • *Zur Volksversammlung zählten ...* • *Die Plebejer wählten 10 Volkstribune. Diese durften ...*
6. Sammle offene Fragen.	• *Unverständlich bleibt für mich ...*

3 Überprüfe anhand des Schaubildes M2 und des Darstellungstextes folgende Aussagen. Schreibe sie richtig auf und erläutere sie:
a) Der Senat ist den Magistraten unterstellt.
b) Ein Diktator wird von den Magistraten ernannt und übt sein Amt höchstens ein Jahr lang aus.
c) In der Volksversammlung haben alle das gleiche Stimmrecht.

Römische Herrschaft im Mittelmeerraum

Viele Jahrhunderte befanden sich die Römer im Krieg mit ihren Nachbarn. Zu den längsten Auseinandersetzungen gehören die drei Kriege mit der nordafrikanischen Stadt Karthago, eine mächtige Seemacht im Mittelmeerraum.

Webcode: FG2300516-016
*Kartenanimation:
Das Römische Reich*

- *Aus welchen Gründen führte Rom Krieg und was war das Ergebnis?*

Der erste Krieg gegen Karthago (264–241 v. Chr.)

Als die griechische Stadt Messana in Sizilien von ihrer Nachbarstadt Syrakus angegriffen wurde, riefen die Messaner sowohl Römer wie Karthager zu Hilfe. Kurz darauf führten Rom und Karthago einen Krieg um die

5 Insel Sizilien, der über zwanzig Jahre dauern sollte.

Die Römer verfügten als Landmacht nur über ein Landheer und mussten erstmals Kriegsschiffe bauen. Als diese von der karthagischen Flotte zerstört wurden, finanzierten reiche römische Patrizier neue Schiffe.

10 Die Römer errangen den entscheidenden Sieg zur See. Die Karthager mussten Sizilien räumen und verloren auch die erzreichen Inseln Sardinien und Korsika an Rom. Im Friedensvertrag erhielten die Römer zudem die damals gewaltige Menge von 80 Tonnen Silber als

15 Kriegsbeute. Sizilien wurde zur ersten römischen Provinz: Ein römischer Beamter verwaltete das Gebiet und zog von den Bewohnern Steuern (Tribute) ein.

Kriegselefant mit Kampfturm, Abbildung auf einem etruskischen Teller, 3. Jh. v. Chr.

M 1

Provinz

Provinzen waren römische Besitzungen, die außerhalb Italiens lagen. Sie wurden von einem römischen Statthalter mit einem kleinen Aufgebot von Soldaten verwaltet. Die ersten Provinzen waren Sizilien und Sardinien; am Ende der Republik unter Caesar waren es 18 Provinzen. Deren Bewohner mussten Abgaben zahlen.

Der zweite Krieg (218–201 v. Chr.): Hannibal besiegt die Römer in Italien

20 Nach dem Verlust von Sizilien 241 v. Chr. eroberten die Karthager weite Teile Spaniens und erschlossen dort reiche Silberminen. Die Römer verpflichteten die Karthager in einem Vertrag, keinesfalls den Fluss Ebro im Norden Spaniens in Richtung Rom zu überschreiten. Der kartha-

25 gische Feldherr Hannibal verletzte diesen Vertrag und zog mit einem gewaltigen Heer von 50 000 Soldaten, 9000 Reitern und 37 afrikanischen Elefanten über die Alpen nach Italien. In der Schlacht von Cannae besiegte er die Römer; 50 000 von 80 000 römischen Soldaten

30 starben. Drei Jahre zog Hannibal unbesiegt durch das Land, griff aber die Stadt Rom nicht direkt an. Der Krieg kostete 100 000 Menschenleben und ließ 400 zerstörte Städte in Italien zurück. Erst als der römische Feldherr Scipio nach Afrika übersetzte und dort die Karthager

35 entscheidend schlug, war der Krieg entschieden.

Die Römer richteten neue Provinzen in Spanien ein, erhielten 260 Tonnen Silber als Kriegsbeute und zwangen die Karthager zur Ablieferung fast aller Schiffe. Kriege durfte Karthago nur noch mit Zustimmung Roms führen.

Der dritte Krieg (150–146 v. Chr.): Karthago wird zerstört

Einen ungenehmigten Feldzug der Karthager nahmen die Römer 150 v. Chr. zum Anlass, erneut gegen Karthago zu Felde zu ziehen. Nach dreijähriger Belagerung er-

45 oberten sie die Stadt, zerstörten sie völlig und brachten die Bevölkerung als Sklaven nach Rom. Das Land der Karthager wurde zur römischen Provinz Africa.

Wer hatte Interesse an den Kriegen?

Römische Feldherren stammten fast ausschließlich aus

50 reichen Patrizierfamilien. Militärischer Erfolg war eine wichtige Voraussetzung, um als Politiker Karriere zu machen und ein hohes staatliches Amt zu erlangen. Ein öffentlicher Triumphzug in Rom mit der Präsentation der Beute und der Gefangenen war der Höhepunkt im Leben

55 eines Befehlshabers. Daher waren ständig Armeen der römischen Republik in fremden Gebieten unterwegs.

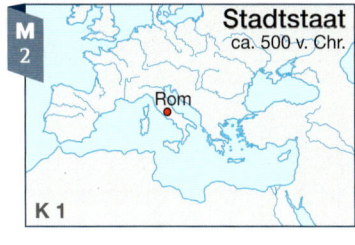

Stadtstaat
ca. 500 v. Chr.

Rom

K 1

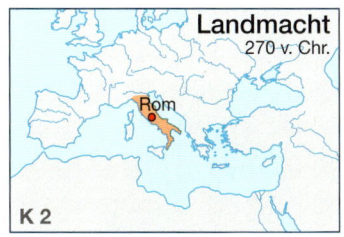

Landmacht
270 v. Chr.

Rom

K 2

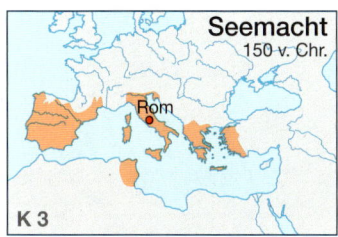

Seemacht
150 v. Chr.

Rom

K 3

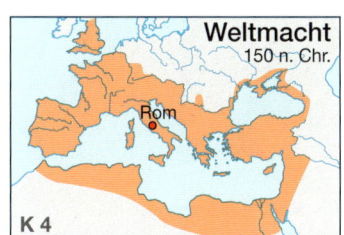

Weltmacht
150 n. Chr.

Rom

K 4

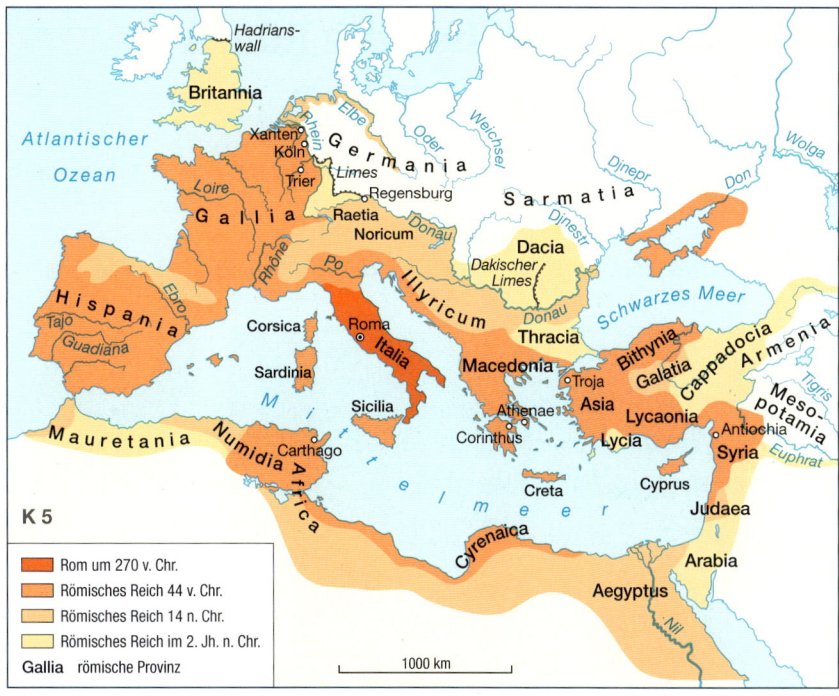

K 5

■ Rom um 270 v. Chr.
■ Römisches Reich 44 v. Chr.
■ Römisches Reich 14 n. Chr.
■ Römisches Reich im 2. Jh. n. Chr.
Gallia römische Provinz

1000 km

Die Expansion (= Ausdehnung) des Römischen Reichs.
Die Karten 1–4 zeigen die Größe des Reichs zu einem bestimmten Zeitpunkt. Karte 5 gibt die Entwicklung über einen längeren Zeitraum wieder und setzt sich aus den vier Karten links zusammen.

....

mare nostrum
aus dem Lateinischen übersetzt: „Unser Meer". So bezeichneten die Römer etwa seit dem 3. Jahrhundert v. Chr. das Mittelmeer.

....

Imperium Romanum
(von lat. imperare = befehlen). Unter Imperium verstanden die Römer ursprünglich die militärische und zivile Befehlsgewalt der römischen Konsuln und später auch der Verwalter einer Provinz. Allmählich wurde es zur Bezeichnung des römischen Herrschaftsgebiets:
● Bis 272 v. Chr. unterwarfen die Römer ihre Nachbarvölker. Italien stand damit bis zum Fluss Po unter römischer Herrschaft.

● Zwischen 264 und 146 v. Chr. ging es in drei Kriegen gegen die See- und Handelsmacht Karthago im heutigen Tunesien um die Vorherrschaft in Sizilien und Nordafrika.
● Ab dem 3. Jahrhundert v. Chr. eroberten die Römer die reichen Nachfolgestaaten Alexanders des Großen im östlichen Mittelmeerraum.

....

1 **Partnerarbeit:** Wertet den Darstellungstext aus und haltet eure Ergebnisse in einer Tabelle fest:

Rom gegen Karthago	*1. Krieg*	*2. Krieg*	*3. Krieg*
Anlass des Krieges			
Verlauf			
Ergebnisse			

2 Benenne die drei Phasen der Entstehung des Imperium Romanum und ordne ihnen jeweils eine der kleinen Karten zu (Begriffskasten).

Zusatzaufgabe: siehe S. 58

3 **Partnerarbeit:**
a) Findet mithilfe von M2 heraus, wann sich das Römische Reich besonders schnell vergrößerte.
b) Diskutiert mögliche Gründe für die schnelle Ausdehnung Roms. Der Darstellungstext nennt einige, aber nicht alle.
c) Nenne mögliche Gründe, warum die römischen Herrscher nicht noch mehr Gebiete gewaltsam eroberten.
4 Erläutere den Begriff „mare nostrum" (Begriffskasten und M2).

Wie behandelten die Römer unterworfene Völker?

Mit der Ausdehnung des Römischen Reichs seit dem 3. Jahrhundert v. Chr. standen die Regierenden in Rom vor der neuen Aufgabe, ihre Herrschaft in den eroberten Gebieten zu sichern.

- *Untersuche, wie die Römer mit den Unterworfenen umgingen.*

Triumphbogen des Septimus Severus auf dem Forum Romanum in Rom zum Sieg der Römer gegen die Parther, 203 n. Chr.

Ein Ausschnitt aus dem Triumphbogen zeigt einen römischen Soldaten und einen gefangenen Parther, 203 n. Chr.

Die Gallier – erst besiegt, dann integriert

Gallien (in etwa das heutige Frankreich) wurde 58 bis 51 v. Chr. von Julius Caesar für Rom erobert. Gallien war reich an Bodenschätzen und Holz – einem an den Küsten Südeuropas knapper werdenden Rohstoff. Die Eroberung 5 wurde mit großer Härte geführt und über eine Million Menschen fanden den Tod. Der Anführer der Gallier, Vercingetorix, kam als Gefangener nach Rom und wurde nach einem Triumphzug Caesars 46 v. Chr. hingerichtet. Mit der Eingliederung Galliens als römische Provinz er-10 hielten Mitglieder der gallischen Oberschicht das römische Bürgerrecht. Ihr Leben unterschied sich nach drei Generationen kaum noch von dem reicher Römer.

Römischer Bürger werden – ein Gewinn?

Die Verleihung des römischen Bürgerrechts war für Unter-15 worfene aus allen neuen Gebieten des Reichs ein begehrtes Ziel. Das Bürgerrecht schützte vor Willkür durch römische Beamte und ermöglichte eine gültige Einheirat in andere römische Familien. Wer das Bürgerrecht besaß, durfte ein Testament verfassen und Geschäftsverträge 20 abschließen. Zudem waren Bürger von bestimmten Gemeindesteuern befreit und erlangten das Wahlrecht in der Volksversammlung. Römische Bürger durften nicht gefoltert oder zur Todesstrafe verurteilt werden.

Das Bürgerrecht konnte an einzelne Personen, Städte oder ganze Provinzen verliehen werden. In der Zeit der 25 Republik erhielten als Erste die Verbündeten in Italien das Bürgerrecht, da sie für Rom kämpften. Die Verleihung war uneinheitlich geregelt und oft mit Einschränkungen für die neuen Bürger versehen. Erst 212 n. Chr. 30 erhielten alle frei geborenen Einwohner des Reichs das Bürgerrecht.

Die Parther – unbesiegter Gegner im Osten

Das Reich der Parther war der große Rivale Roms im Vorderen Orient. Gegen sie führten die Römer immer 35 wieder Kriege. Ein Mitkonsul Caesars, Licinus Crassus, kam 53 v. Chr. bei einem Krieg gegen die Parther ums Leben. Die Mehrzahl seiner Soldaten wurde ebenfalls

getötet, und die Römer verloren die wichtigsten militärischen Abzeichen, die Legionsadler. Dies wurde in Rom
40 als schlimme Demütigung empfunden.

Im 3. Jahrhundert wurde der römische Kaiser bei einem Feldzug gegen die Nachfolger der Parther, die persischen Sassaniden, geschlagen. Er geriet in Gefangenschaft und starb dort.

Triumphrelief Schapurs I., König der Sassaniden, in Naksch-e Rostam (Iran), ca. 260 n. Chr. Schapur hält den neben ihm stehenden Valerian zum Zeichen der Gefangennahme am Arm fest.

Aus einer Rede von Kaiser Claudius (48 n. Chr.):

Was wurde denn den Spartanern und Athenern trotz ihrer militärischen Übermacht zum Verhängnis? Sie grenzten die Besiegten aus. Da besaß doch der Gründer unseres Staates, Romulus,
5 mehr Weisheit. Die meisten der besiegten Völker wurden an ein und demselben Tag zuerst als Feinde und dann als Bürger behandelt ...
Wenn man in der Rückschau auf unsere Kriege blickt, dann wurde keiner schneller beendet als
10 der gegen die Gallier. Seitdem herrscht ohne Unterbrechung ein sicherer Frieden. Da die gallischen Oberen mit uns durch gleiche Sitten, Bildung und Heirat verbunden sind, sollen sie doch ihr Gold und ihre Schätze lieber zu uns bringen,
15 als sie für sich zu behalten. Alles, Senatoren, was man heute für uralt hält, ist einmal neu gewesen: Plebejische Beamte folgten patrizischen Beamten, latinische auf die plebejischen, Beamte aus anderen Völkern Italiens auf die latinischen. Auch
20 diese neue Regel wird sich einbürgern.

Tacitus, Annales 11,24. Zit. nach www.thelatinlibrary.com (20. 5. 2014). Übers. d. Verf.

Der Historiker Uwe Walter schrieb 2012:

Zu den gängigen, aber falschen Auffassungen über das Römische Reich gehört, dieses habe allein oder im Wesentlichen auf den Schwertern und pila (Speeren) seiner Legionen geruht. Wäre
5 dem so gewesen, hätte es keine zwei Generationen lang existiert. Das Geheimnis des römischen Erfolgs bestand vielmehr in der Bereitschaft und Kraft zur Integration[1]. Spannend ist nun, dass die Römer diese Tatsache bereits in ihrem Grün-
10 dungsmythos eingeschrieben hatten. Aeneas war ein Flüchtling aus Troja. Und als Romulus daranging, die Stadt Rom zu gründen, mangelte es an Bewohnern. Romulus richtete daher am Rande des Kapitols ein Asyl[2] ein, wo sich Männer ein-
15 finden konnten, die nicht nach ihrer Herkunft gefragt werden wollten: Flüchtlinge, Verbannte, Enteignete, vagabundierende Krieger. Zum Selbstverständnis der Römer gehörte es, „Zugereiste" zu sein und nicht schon immer einen
20 Platz besiedelt zu haben. Rom ist ein Ergebnis von Immigration[3] und Integration.

Uwe Walter, Wachstum durch Integration: das Imperium Romanum. Eine Anregung für den Unterricht, in: geschichte für heute 1/2012, S. 44. Bearb. v. Verf.

....

[1] *Eingliederung*
[2] *Zufluchtsort, Notunterkunft*
[3] *Einwanderung*

....

1 Betrachte M1–M3. Nenne mögliche Erklärungen, warum die Herrscher diese Bauwerke in Auftrag gaben.

2 Nenne die Argumente, die Kaiser Claudius in M4 für eine Eingliederung der gallischen Oberen angibt.

3 **Wähle eine Aufgabe aus:**

a) Untersuche M5 mithilfe der Arbeitsschritte „Einen Sachtext lesen und verstehen".

Tipp: Überlege, welches Ziel die Römer mit der Vergabe des römischen Bürgerrechts an unterworfene Völker verfolgten.

b) Gib M5 in eigenen Worten wieder. Erläutere anschließend, worin der Verfasser das „Geheimnis des römischen Erfolgs" (Z. 6) sah.

Warum geriet die römische Republik in die Krise?

In den Krieg zu ziehen war für die römischen Bauern ein selbstverständlicher Teil ihres Lebens. Ein Krieg begann in der Regel im Frühsommer, und nach wenigen Wochen waren die Soldaten wieder zurück bei ihren Familien und auf ihren Feldern – mit dem ausgezahlten Sold und einem Anteil an der Beute. Als Rom begann, Kriege außerhalb Italiens zu führen, blieben die Soldaten jedoch oft Jahre weg oder starben in der Fremde.

- *Welche Auswirkungen hatte die römische Expansion auf die römische Gesellschaft?*
- *Wer profitierte davon und wer gehörte zu den Verlierern?*

Die Reichen werden noch reicher

Durch die Kriege gegen Karthago und die griechischen Staaten kamen Hunderttausende Kriegsgefangene als Beute nach Italien – Männer, Frauen und Kinder. Auf Sklavenmärkten wurden sie als billige Arbeitskräfte ver-
5 kauft. Wohlhabende Römer nutzten ihr Vermögen und pachteten weite Flächen des Staatslandes, kauften Hunderte oder gar Tausende Sklaven und ließen sie auf ihren Landgütern in großem Stil Getreide, Wein, Oliven und Früchte anbauen. Auch die Viehzucht warf hohe
10 Gewinne ab.
Von der Ausdehnung des Reichs profitierte auch der neue Stand der Ritter. Diese waren nichtadlige Bürger, die durch Handwerk oder durch den Handel von Waren reich wurden. Viele Ritter machten auch als Transport-
15 oder Bauunternehmer Karriere. Mithilfe von Gewinnen aus Kriegen oder durch Steuereinnahmen aus den Provinzen konnten der Staat und reiche Patrizier Aufträge zum Bau von Brücken, Straßen, Wasserleitungen, Villen und Tempeln vergeben.

20 Aus Bauern werden „Proletarier"

Die Last der Kriege trugen vor allem die einfachen Bauern. Wenn sie zu lange von ihren Höfen fernblieben, konnten Frauen und Kinder den Besitz nicht halten. Sie mussten in vielen Fällen ihr Land an Großgrundbesitzer
25 verkaufen und als Tagelöhner arbeiten. Sklaven waren aber noch billiger als Tagelöhner, und so blieb vielen landlosen Familien nur der Umzug in die Städte. Dort versuchten sie mit Gelegenheitsarbeiten ein Auskommen zu finden. Diese Menschen nannte man „Proleta-
30 rier" (von proles = Nachkommen), da sie außer vielen Kindern nichts besaßen. Ein anderer Begriff für diese neue Unterschicht lautete „plebs".

Die Reformversuche der Gracchen

Im 2. Jahrhundert v. Chr. erzielte das Römische Reich in
35 der Ferne zwar große Gewinne, diese konnten die Armut zu Hause jedoch nicht ausgleichen. Armut, Entvölkerung und der Mangel an Soldaten führten zu einer Staatskrise. Daher suchten führende Patrizier und Plebejer nach einem Ausweg. Der Volkstribun Tiberius Gracchus bean-
40 tragte 134 v. Chr., dass die Großgrundbesitzer nur noch eine bestimmte Höchstmenge an Land besitzen und pachten dürften. Landlose Bauern sollten aus den frei werdenden Feldern sieben Hektar (das entspricht ungefähr einer Fläche von zehn Fußballfeldern) zur eigenen
45 Bewirtschaftung und etwas Startkapital erhalten. Bedürftige sollten verbilligt an Getreide kommen. Diese „Ackergesetze" stießen jedoch auf erbitterten Widerstand vieler Senatoren und Ritter. Bei einer Versammlung wurde Tiberius Gracchus von aufgebrachten Sena-
50 toren erschlagen. Seinem Bruder Gaius Gracchus gelang es später noch, einige der Reformen durchzusetzen, diese wurden aber nach und nach wieder aufgehoben.

Kleinbauer auf dem Weg in die Stadt, Relief, 1. Jh. n. Chr.

Eine Heeresreform als Mittel gegen die Krise

Der Einfall germanischer Völker nach Italien zeigte die
55 Verwundbarkeit des Römischen Reichs. Es standen nicht
mehr genug Soldaten für die Verteidigung zur Verfügung.
Daher führte Konsul Gaius Marius (158 bis 86 v. Chr.)
eine grundlegende Reform der Armee durch. Diese Reform besagte, dass sich jeder Römer als Legionär für eine
60 Dauer von 20 Jahren gegen Zahlung eines festen Soldes
zum Heer verpflichten konnte. Wer das Ende seiner
Dienstzeit erlebte, der erhielt einen Hof mit Ackerland.
Durch diese Reform entspannte sich die soziale Lage in
den Städten, da viele landlos gewordene Bauern Berufs-
65 soldaten wurden. Diese neuen Legionäre unterstanden
nur noch dem Kommando ihres Feldherrn, dem sie bald
mehr vertrauten als den Entscheidungen der führenden
Politiker im fernen Rom.

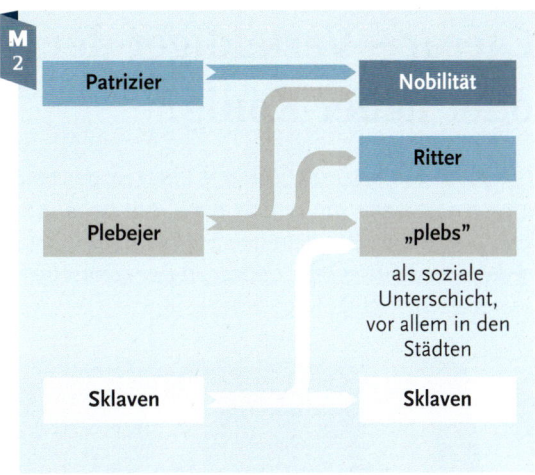

Wandel der römischen Gesellschaft in der Zeit der Republik.
Nobilität = führende patrizische und plebejische Familien, die
unter ihren Vorfahren mindestens einen Konsul hatten.

M3 Tiberius Gracchus berichtete 134 v. Chr. über die Lage der römischen Soldaten:

Die wilden Tiere, die in Italien hausen, haben ihre
Höhle. Jedes weiß, wo es sich hinlegen und ver-
kriechen kann. Die Männer aber, die für Rom
kämpfen und sterben, sie haben nichts außer Luft
5 und Licht. Heimatlos und gehetzt irren sie mit
Frau und Kind durch das Land. Die Feldherren lü-
gen, wenn sie vor der Schlacht die Soldaten aufru-
fen, für ihre Gräber und Heiligtümer gegen den
Feind zu kämpfen. Denn keiner von diesen römi-
10 schen Soldaten besitzt einen Altar, den er vom
Vater geerbt hat, und keiner ein Grab, in dem seine Vorfahren ruhen. Vielmehr kämpfen und sterben sie für das Luxusleben und den Reichtum von
anderen. Herren der Welt werden sie genannt,
15 aber sie besitzen noch nicht einmal ein eigenes
Stück Land.

*Plutarch, Tiberius Gracchus 9. Zit. nach Konrat Ziegler
(Hg.), Große Griechen und Römer, Bd. 3, Zürich/München
(Artemis) 1955. Übers. v. Konrat Ziegler, bearb. v. Verf.*

Das Mosaik zeigt eine öffentliche Getreideverteilung an arme
Stadtbewohner; schon Gaius Gracchus hatte sich um deren Versorgung gekümmert, römisches Mosaik, 2. Jh. n. Chr.

---

1 Beschreibe M1. Erkläre, warum dieses Bild nicht
   mehr die Wirklichkeit abbildete, als es hergestellt
   wurde.
2 Fasse zusammen, wie Tiberius Gracchus in M3 die
   Lage der Soldaten beschreibt.
3 Versetze dich in die Lage eines Kleinbauern und
   berichte mithilfe des Darstellungstextes von deinen
   Hoffnungen auf die Reformen der Gracchen. Nimm
   M4 zu Hilfe.

4 Erstelle mithilfe des Darstellungstextes und M2 einen
   Infokasten über den Stand der Ritter. Wer zählte zu
   diesem Stand und wodurch zeichnete er sich aus?
5 Durch die Heeresreform von Gaius Marius hat sich
   die Lage der armen Leute verbessert. Begründe diese
   Aussage mithilfe des Darstellungstextes.
6 **Partnerarbeit:** Beurteilt, welche Gesellschafts- und
   Berufsgruppen von der Ausdehnung des Reichs pro-
   fitierten und wer Nachteile davon hatte.

Caesar – Verteidiger der Republik oder neuer König?

Gaius Julius Caesar (100–44 v. Chr.) ist der berühmteste Römer, sogar einer unserer Kalendermonate ist nach ihm benannt. Heute bilden sein Leben und sein politisches Handeln den Stoff für zahlreiche Filme und Comics.
- *Welche Rolle spielte Caesar in der römischen Politik und was waren seine politischen Ziele?*

Gaius Julius Caesar grüßt das Volk, Ausschnitt aus dem Spielfilm „Asterix bei den Olympischen Spielen", 2008

Machtkämpfe und Bürgerkrieg

Nach den Reformversuchen der Gracchen im 2. Jahrhundert v. Chr. spaltete sich die politische Führung Roms in zwei Lager: die Popularen und die Optimaten. Die Popularen wollten mithilfe der Volksversammlung und der
5 Volkstribunen durch Reformen die soziale Lage der Plebs verbessern. Die Optimaten sperrten sich dagegen. Sie vertraten die Interessen der Großgrundbesitzer und verteidigten die Vorherrschaft des Senats. Nach außen wurde zwar noch die Einheit der Republik vorgetäuscht, in
10 Wirklichkeit wurden aber Beamtenstellen, Senats- und Volksversammlungen immer öfter von Politikern missbraucht, die für sich selbst Macht erlangen wollten und die ihre persönlichen Interessen als die des Staates ausgaben. Die Republik geriet immer mehr ins Wanken, als
15 beide politische Lager sich in Bürgerkriegen bekämpften. Unter dem gemeinsamen Konsulat von Gnaeus Pompeius und Licinius Crassus im Jahre 70 v. Chr. konnten sich die Popularen durchsetzen. Zehn Jahre später gingen die beiden Konsuln ein Bündnis mit Gaius Julius Caesar ein.
20 Im sogenannten Triumvirat bildeten sie eine Dreierherrschaft, in der sie die Macht im Staat unter sich aufteilten. Sie ließen ihre Abmachungen als Gesetze verkünden und schalteten den Senat weitgehend aus.

Aufstieg und Fall Caesars

25 Zwischen 58 und 51 v. Chr. eroberte Caesar fast ganz Gallien und gewann damit zunehmend politischen Einfluss. Der Krieg kostete über eine Million Menschen das Leben und spülte viel Geld in Caesars Kassen. Mit dem Geld bezahlte er seine immer größer werdende Anhän-
30 gerschar in Rom. Nachdem Licinius Crassus im Krieg gegen die Parther gestorben war, wurde Caesars ehemaliger Verbündeter, Gnaeus Pompeius, zu dessen größten Rivalen. Pompeius, der für die Rechte des Senats eintrat, wurde von Caesar besiegt. Caesar herrschte nun allein.
35 Da er im Bürgerkrieg milde mit seinen Feinden umging, war er im Volk sehr beliebt. 46 v. Chr. ließ er sich zum Diktator für zehn Jahre und wenig später zum Diktator auf Lebenszeit ernennen. Außerdem besetzte er alle wichtigen Posten mit eigenen Leuten. In der Öffentlich-
40 keit zeigte er sich wie nach einem Triumphzug mit einem goldenen Lorbeerkranz, bei Staatsbanketten trug er das Purpurgewand des Triumphators. Aufgrund seines Auftretens unterstellten ihm seine Gegner im Senat, dass er die verbotene Monarchie wieder einführen wolle. Am
45 15. März 44 v. Chr. schlossen sich 60 Senatoren gegen Caesar zusammen und ermordeten ihn mit 23 Dolchstichen.

Caesar, römische Silbermünze (Denar), 44 v. Chr. (vor Caesars Tod). Die Umschrift lautet: Caesar Dict(ator) Quart(um) = zum vierten Mal Diktator. Der Kranz aus Gold ist der Schmuck Jupiters (= oberste Gottheit der römischen Religion), Auszeichnung des Triumphators und Herrschaftszeichen des etruskischen Königs. Porträts lebender Personen auf Münzen hat es davor in Rom nicht gegeben.

Gaius Julius Caesar (100 v. Chr.–44 v. Chr.) römischer Staatsmann, Feldherr und Autor, Marmorbüste, 1. Jh. v. Chr.

M4 Will Caesar König werden?

Das folgende Gespräch zwischen Secundus (S) und Tertius (T) spielt in einer Druckerwerkstatt, in der neue Denare mit dem Bildnis von Caesar hergestellt werden (siehe M2). Der Dialog ist erfunden, gibt aber einen Einblick in die Stimmung, die in Rom zu Beginn des Jahres 44 v. Chr. herrschte:

S: Schau dir diesen Caesar an, jetzt ist er größenwahnsinnig geworden: Diktator auf Lebenszeit! Er muss doch wissen, dass der Senat das nicht mitmacht.

5 **T:** Warum denn? In den Senat hat er doch erst neulich seine Gefolgsleute gesetzt.

S: Aber die alten Senatoren wissen doch, dass Konsuln wie andere Beamte nur für ein Jahr gewählt werden dürfen – und nun das: lebenslänglich!

10 **T:** Vielleicht will er damit zeigen, dass er das Prinzip der Annuität nicht mehr für zeitgemäß hält. Denn wie soll auch ein Konsul einen Feldzug gegen unsere Feinde weit im Norden und Osten vorbereiten und durchführen, wenn er nach wenigen Monaten zu-

15 rückkehren muss, weil die Amtszeit zu Ende geht?

S: Hm ...

T: Überlege, was Caesar in acht Jahren in Gallien erreicht hat. Da gibt's jetzt Straßen und blühende Städte!

20 **S:** Gibt es eigentlich noch einen Unterschied zwischen seiner Stellung und der eines Königs?

T: Glaube ich nicht. Vielleicht will er ja tatsächlich ein König werden? Schau dir nur den Goldkranz an. Vielleicht meint er, erst noch einen Sieg erringen zu

25 müssen, damit seine Herrschaft auch voll akzeptiert wird.

S: Man munkelt, er wolle im Osten einen Feldzug gegen die Parther durchführen ...

T: Und wenn er wiederkommt, ordnet er alles neu ...

30 **S:** Meinst du, er würde dann alle Senatoren umbringen und die Alleinherrschaft anstreben?

T: Glaube ich nicht. Es ist doch egal, ob es 300, 600 oder 900 Senatoren gibt – er und seine Berater machen einfach die bessere Politik. Und wenn er einen

35 Feldzug siegreich beendet und mit reicher Beute nach Hause kommt – wer fragt da schon nach?

S: Und wenn man ihn gar nicht erst zu diesem Krieg aufbrechen lässt?

T: Wie willst du ihn daran hindern?

Verfassertext

....

1 Stelle mithilfe des Darstellungstextes gegenüber, welche politischen Ziele die Optimaten und die Popularen hatten. Welche Gruppen fühlten sich durch sie vertreten?

2 Beschreibe mithilfe von M4 die politische Stimmung in Rom kurz vor der Ermordung Caesars.

3 Wähle eine Aufgabe aus:

a) Nenne mithilfe des Darstellungstextes Gründe, warum die Senatoren Caesar ermordeten.

b) Beschreibe die Münze M2 und erkläre einem Nichtrömer, warum sie von einigen Senatoren als Angriff auf die Republik gesehen wurde.

4 Beantworte die Frage der Überschrift dieser Doppelseite. Begründe deine Antwort.

5 Findest du die Darstellung Caesars in M1 passend? Begründe deine Meinung.

Zusatzaufgabe: siehe S. 58

Augustus errichtet eine neue Ordnung

Augustus ist der bekannteste römische Kaiser der Antike. Er lebte von 63 v. Chr. bis 14 n. Chr. Christen kennen ihn aus der Weihnachtsgeschichte, da er das Reich zur Zeit von Jesu Geburt regierte. Mit Augustus endete die römische Republik, denn er errichtete eine neue Form der Herrschaft, die als Prinzipat bezeichnet wird.

- *Wie veränderte sich die Herrschaft unter Augustus und was waren die Kennzeichen seiner neuen Herrschaftsform?*

Aus Octavian wird Augustus

Nach Caesars Tod 44 v. Chr. kam es erneut zu Machtkämpfen. Aus ihnen ging Octavian, der Adoptivsohn Caesars, als Sieger hervor. Er hatte die Befehlsgewalt über Caesars Soldaten übernommen und verfolgte nun

5 die Mörder Caesars. Anfangs tötete Octavian seine Gegner, dann wurde er vorsichtiger. Sein Ziel war es, seine Macht durch die Unterstützung möglichst vieler Anhänger zu festigen. Er wollte seine Gegner davon überzeugen, dass er keine Monarchie anstrebte. Deshalb gab

10 Octavian 27 v. Chr. seine außerordentlichen Vollmachten an den Senat und das Volk zurück. Damit hatte er die Republik äußerlich wiederhergestellt. Der Senat verlieh Octavian daraufhin den Ehrennamen Augustus. Dies bedeutete „der Erhabene". Am Ende seiner Herrschaft war

15 aus ihm „Caesar Augustus" geworden. Der Titel „Caesar" ist in viele Sprachen übergegangen, z. B. als „Kaiser" ins Deutsche oder „Zar" ins Russische. Das von Augustus und seinen Nachfolgern regierte Reich wird auch als Kaiserreich bezeichnet. Den Titel „Caesar Augustus" trugen

20 von nun an alle römischen Kaiser.

Der Kaiserkult

Im gesamten Römischen Reich entstand ein Kult um den Kaiser. Augustus ließ sich häufig in Bildern und Skulpturen, Dichtung und Literatur sowie in der Architektur

25 darstellen. Er ließ Tempel und andere Bauwerke errichten und sein Abbild in allen Teilen des Reichs verbreiten. Heute würde man ihn einen „Medienherrscher" nennen. Augustus sah sich als einen Kaiser, der durch den Willen der Götter dazu bestimmt war, die Republik und das

30 Reich zu retten und zu neuer Größe zu führen.

Prinzipat

Augustus bezeichnete sich selbst als „princeps" – den „Ersten im Staat", daher der Name „Prinzipat" für seine Herrschaftsform. In Wirklichkeit herrschte Augustus wie ein König. Er hatte den Oberbefehl über das Heer und die wichtigsten Provinzen, besaß lebenslang die Rechte eines Volkstribuns, leitete alle Senats- und Volksversammlungen und war oberster Priester. Auch konnte er selbst seine Nachfolger benennen.

 Marmorstandbild des Augustus mit einer Höhe von 2,03 m, 1. Jh. v. Chr. Die Figuren auf dem Brustpanzer zeigen Parther, die den Römern Truppenabzeichen zurückgeben, die sie in einem früheren Krieg erbeutet haben. Darüber schweben Himmelsgötter. Die kleine Figur am Fuße könnte der Gott Armor sein. Die Statue ist barfüßig, um die gottähnliche Stellung des Kaisers zu zeigen. Statuen dieser Art waren im gesamten Römischen Reich zu finden.

Augustus als Friedensfürst, Schmuck-anhänger, um 10 n. Chr.: 1 Augustus thront neben der Göttin Roma; dargestellt als Personen sind 2 das Meer, 3 die Erde und 4 die Städte des Reiches. 5 Eine Figur hält Augustus die römische Bür-gerkrone über das Haupt. 6 Das Füllhorn rechts ist ein Zeichen der Fruchtbarkeit. 7 Der erfolg-reiche Feldherr Tiberius, der ein Stiefsohn des Augustus war. 8 Römische Soldaten errichten ein Siegeszeichen. 9 Besiegte Gegner liegen am Boden.

M3

Der römische Geschichtsschreiber Sallust (86–35 v. Chr.) über das Römische Reich zur Zeit der Ermordung Caesars:

Das Land hatte zu dieser Zeit fast ein Jahrhundert lang Krisen und Bürgerkriege durchlebt:
Übrigens war das Unwesen der Parteien im Volk und Adel mit all ihren üblen Gewohnheiten … eine Folge
5 des müßigen[1] Lebens und des Überflusses an allen Gütern … Denn der Adel begann seine Machtstel-lung, das Volk seine Freiheit in Willkür[2] ausarten zu lassen, jeder suchte für sich zu nehmen, zu raffen und zu rauben. So wurde alles in zwei Parteien aus-
10 einandergerissen, der Staat aber, der einst beider Gemeingut[3] war, wurde … zerfleischt, … das Volk wurde von Kriegsdienst und Armut bedrückt, die Kriegsbeute rissen die Feldherren mit einigen Freun-den an sich, … es entstand allmählich eine Spaltung
15 aller Bürger.

Sallust, Jugurthinischer Krieg 41. Zit. nach Wilhelm Schöne (Hg.), Werke und Schriften, Stuttgart (Heimeran) 1969, S. 203, Übers. v. Wilhelm Schöne.

. . . .

[1] *faul, untätig*
[2] *sich nicht an geltende Gesetze haltend*
[3] *etwas, das der Gemeinschaft gehört*

. . . .

1 Wähle eine Aufgabe aus:
   a) Stelle mithilfe des Darstellungstextes fest, wie Augustus seine Macht errang und sicherte.
   b) Erkläre anhand des Darstellungstextes den Begriff „Medienherrscher".
2 Erkläre den Begriff „Prinzipat" und begründe, war-um es sich dabei um eine neue Form der Herrschaft handelte (Begriffskasten).
3 Methode: Beschreibe die Statue M1 mithilfe der Arbeitsschritte „Kunstwerke entschlüsseln". Welche Gesamtaussage lässt sich formulieren?

4 Lies die Quelle M3 und arbeite heraus, wie der His-toriker Sallust die römische Gesellschaft zur Zeit von Caesars Ermordung beschrieb.
   Tipp: Finde die Schlüsselbegriffe im Text.
5 Beschreibe das Schmuckstück M2. Finde heraus, welche Eigenschaften Augustus hier zugeschrieben werden.

Zusatzaufgabe: siehe S. 58

Schriftliche Quellen vergleichen

Wer kennt das nicht – zwei Menschen erleben und sehen dasselbe und berichten vollkommen unterschiedlich von dem Ereignis. Wem können wir in einem solchen Fall glauben? Noch schwieriger ist es, wenn das Ereignis, über das berichtet wird, mehrere Hundert oder gar Tausend Jahre zurückliegt. Hier findest du zwei schriftliche Quellen darüber, wie Augustus seine Macht in Rom durchsetzte. Mithilfe der Arbeitsschritte kannst du beide Quellen vergleichen und dir eine eigene Meinung bilden.

Aus dem Tatenbericht des Augustus

Im Jahr 13 n. Chr. verfasste der 76-jährige Augustus einen Tatenbericht („Res gestae"). Darin stellte er sein politisches Lebenswerk dar. Den Bericht ließ er in Stein meißeln und öffentlich aufstellen:

Mit 19 Jahren [44 v. Chr.] habe ich aus privater Initiative und aus eigenen Mitteln ein Heer aufgestellt, mit dem ich dem Staatswesen, das durch die Gewaltherrschaft einer politischen Macht-
5 gruppe unterdrückt wurde, die Freiheit wiedergab. Um dessentwillen hat mich der Senat ... in seine Körperschaft aufgenommen [43 v. Chr.] ... und mir die militärische Befehlsgewalt übertragen. ... Diejenigen, die meinen Vater ermordet haben, trieb
10 ich in die Verbannung und rächte durch gesetzmäßige Gerichtsurteile ihr Verbrechen ... Die Diktatur, die mir ... vom Volk wie auch vom Senat ... angetragen wurde, habe ich zurückgewiesen. Als ... der Senat und das römische Volk einmütig be-
15 antragten, dass ich als Einzelner mit höchster Machtbefugnis zum Wahrer von Gesetz und Sitte ernannt werden soll, habe ich dies ebenso wenig angenommen wie irgendein anderes mir angetragenes Amt, das gegen den Brauch der Vorfahren
20 verstieß.

Res gestae 1ff. Zit. nach Marion Giebel (Hg.), Augustus, Res gestae, Tatenbericht, Stuttgart (Reclam) 2007. Übers. v. Marion Giebel, bearb. v. Verf.

Der Historiker Tacitus über Augustus

Tacitus (um 55–120 n. Chr.) schrieb in seinem Geschichtswerk (Annales = lat. „Jahrbücher") über die Zeit ab Augustus. Darin gibt er die Meinungen von Zeitgenossen über Augustus wieder:

Dagegen sagten nun die anderen: die Anhänglichkeit gegen seinen Vater und die allgemeine Lage habe er bloß zum Vorwande genommen. Im Grunde sei es Herrschsucht gewesen, wenn
5 er als junger Mensch ohne Amt die Veteranen[1] durch freigebige Spenden an sich zog, ein Heer aufstellte, die Legionen des Konsuls bestach ... Er habe vom Senat das Konsulat erzwungen und das Heer ... gegen den Staat geführt ... Dann ist
10 allerdings Friede geworden, aber ein blutiger: Lollius und Varus sind geschlagen worden, in Rom sind Varro, Egnatius und Jullus hingerichtet worden ... Für die Götterverehrung hat er keinen Raum mehr gelassen: Er wollte selber Tempel
15 haben und von ... Priestern als Gott angebetet werden. Er hat auch Tiberius nicht aus Liebe ... zu seinem Nachfolger bestimmt; nein, er hat dessen anmaßende und grausame Natur wohl erkannt und darauf gerechnet, dass der Vergleich
20 mit einem solchen Scheusal seinem Ruhm zugute kommen werde.

Tacitus, Annalen 1, 9f. Zit. nach August Horneffer (Hg.), Tacitus, Annalen, Stuttgart (Kröner) 1957. Übers. v. August Horneffer, bearb. v. Verf.

....

[1] *ehemalige Kriegsteilnehmer*

Römisches Schreibwerkzeug, 1. Jh. n. Chr.

Tipp: Wörter, die du nicht verstehst, kannst du im Lexikon dieses Buches nachlesen. Solltest du das Wort dort nicht finden, schlägst du in einem Wörterbuch nach.

Arbeitsschritte „Schriftliche Quellen vergleichen"

Ersten Eindruck festhalten	Lösungshinweise zu M1 und M2
1. Wie ist dein Eindruck nach dem ersten Lesen?	• *Quelle … stellt Augustus eher positiv/negativ dar …*
Informationen zum Verfasser und zum Text sammeln	
2. Wann sind die Texte geschrieben worden?	*Finde Informationen zur Quelle und zum Verfasser:*
3. Wie groß ist der zeitliche Abstand zwischen Ereignis und Bericht?	• *Augustus schreibt rückblickend über sich selbst. Er hat möglicherweise folgende Absicht …*
4. Waren die Autoren Augenzeugen? Wenn nicht: Wen geben sie als Informanten an?	• *Tacitus' Text ist fast 100 Jahre später entstanden. Seine Informationen hat er von …*
Inhalt vergleichen	
5. Gib die Hauptaussagen und Schlüsselbegriffe der Texte wieder und vergleiche beide im nächsten Schritt.	*Folgende Inhaltspunkte könntest du bei diesen Texten vergleichen:*
6. Welche Informationen stimmen überein?	• *Augustus stellt sein eigenes Heer auf, weil …*
	• *Gegenüber seinen Feinden verhält er sich …*
7. Gibt es Einzelheiten, die nicht in den Texten erscheinen bzw. unterschiedlich genau oder ausführlich wiedergegeben werden?	• *Nach seinem Sieg war die Macht des Kaisers …*
	• *Der Religion gegenüber …*
8. Was wird berichtet, ist es logisch oder enthält es Unstimmigkeiten?	
9. Ist ein Urteil oder eine Meinung des Verfassers zu erkennen?	
Weitere Informationen sammeln	
10. Ziehe weitere Informationen hinzu, z. B. aus Sachbüchern, dem Schulbuch oder dem Internet.	• *Auf den Seiten 24/25 findest du weitere Informationen darüber, wie Augustus regierte.*
Ergebnisse formulieren	
11. Vergleiche die Notizen aus den einzelnen Arbeitsschritten miteinander. Formuliere eine eigene Meinung.	• *Die Quellen unterscheiden sich (nicht) in folgenden Punkten …*
	• *Die Quelle ist in meinen Augen (nicht) glaubwürdig, weil …*

1 Lege eine Tabelle an, mit deren Hilfe du die beiden Texte vergleichen kannst. Gliedere die Tabelle nach den Arbeitsschritten, die du oben siehst.
2 Untersuche die Quellen M1 und M2 mithilfe der Arbeitsschritte. Ergänze die Lösungshinweise und trage deine Ergebnisse in die Tabelle ein.
  Tipp: Du kannst die Tabelle auch um eigene Fragen erweitern.

3 Vergleiche deine Ergebnisse mit den Ergebnissen deiner Sitznachbarin oder deines Sitznachbarn.
4 **Partnerarbeit:**
  a) Begründet, warum die Quellen sich so stark unterscheiden, und entscheidet, welcher Quelle ihr glauben würdet.
  b) Formuliert eine Regel für den Umgang mit Textquellen. Was ist wichtig und worauf müsst ihr achten?

Arbeitsschritte	*M1*	*M2*

Rom – ein Reich des Friedens?

Mit Augustus begann für das Römische Reich nach Bürgerkriegen und den Kriegen in den Provinzen eine Zeit des Friedens. Diesen ließ der Kaiser in Bildern und Texten verkünden.
- *Mit welchen Mitteln sicherte der Kaiser den Frieden nach innen und nach außen?*
- *War Rom wirklich ein friedliches Reich?*

Das Römische Reich zur Zeit des Augustus

Das Heer – Grundlage von Herrschaft und Frieden
Nach der unerbittlichen Verfolgung und Ermordung von Tausenden seiner Gegner war die Macht von Augustus gefestigt. Diese Macht beruhte auf einem von Caesar geerbten erheblichen Privatvermögen und auf der dem Kaiser treu ergebenen Armee. Mit Augustus endeten die Eroberungen. In der Politik beteiligte Augustus die Senatoren und einflussreichen Römer an seiner Macht. Es gab Provinzen, die dem Kaiser gehörten, und Provinzen, deren Einnahmen dem Senat zustanden. Angehörige der Führungsschicht durften als Statthalter die Provinzen verwalten und die Steuern eintreiben lassen.
An den Rändern des Reichs sicherten viele Legionen bedrohte Grenzen. Jede Legion umfasste 6000 Mann. Das Heer wuchs bis zum 2. Jahrhundert n. Chr. auf 250 000 Soldaten an. Die Legionäre waren römische Bürger, die freiwillig in der Armee dienten. Sie erhielten einen festen Sold und am Ende der 20-jährigen Dienstzeit ein Stück Land oder eine hohe Belohnung. Unterstützt wurde das römische Heer durch Hilfstruppen aus nichtrömischen Bewohnern der eroberten Provinzen. Zusammen sicherten sie die „Pax Romana", wie man die Friedenszeit unter Augustus bezeichnet.

Brot und Spiele
Die Unterstützung der kleinen Leute errangen Augustus und seine Nachfolger mit kostenloser Getreideausgabe für Bedürftige sowie mit dem Ausbau einer regelrechten „Unterhaltungsindustrie". In früheren Zeiten waren Feste und Spiele Veranstaltungen zur Verehrung der Götter

gewesen. Unter Augustus und seinen Nachfolgern dienten Feste und Spiele aber in erster Linie dazu, die Gunst der Massen zu erhalten. Daher wurde erwartet, dass die Kaiser bei bedeutenden Veranstaltungen persönlich anwesend waren. Der Eintritt war für die Besucher frei.

Sehr beliebt war das Theater. Dort kamen vor allem griechische Stücke zur Aufführung. Bei Ausdruckstanz, Dichtkunst und Pantomimen kämpften Männer und Frauen um verlockende Prämien.

Besonders begehrt war ein Platz bei den Gladiatorenkämpfen in den großen Amphitheatern, darunter das im Jahre 80 n. Chr. fertiggestellte Colosseum für 55 000 Zuschauer. Die meisten Gladiatoren waren Kriegsgefangene oder verurteilte Verbrecher, die in den Arenen um Leben und Tod kämpften. Sie konnten – ähnlich wie heutige Spitzensportler – berühmt werden und hatten regelrechte Fanclubs. Bei den Tierhatzen wurden Tiere wie Bären und Stiere, Tiger und Löwen aufeinander losgelassen, die sich zur Begeisterung des Publikums gegenseitig zerfleischten. Auch viele zum Tode Verurteilte wurden zu wilden Tieren in die Arena geschickt.

Im „Circus Maximus" verfolgten bis zu 250 000 Zuschauer die spektakulären Wagenrennen, und auf einem künstlichen See wurden Seeschlachten nachgestellt. Bei den Sportveranstaltungen missfiel aber zahlreichen Römern, dass die Athleten nach griechischem Vorbild weiter nackt boxten, rannten und rangen – Augustus verbot deshalb Frauen das Zuschauen.

Augustus schilderte in seinem Tatenbericht die Eroberung des Reichs (13 n. Chr.):

Das Gebiet aller Provinzen des römischen Volkes, die Volksstämme zu Nachbarn haben, die nicht unserem Befehl gehorchten, habe ich vergrößert. Die Provinzen Galliens und Spaniens,
5 ebenso Germanien habe ich befriedet, ein Gebiet, das der Ozean von Gades (= Straße von Gibraltar) bis zur Mündung der Elbe umschließt. Die Alpen ließ ich von der Gegend, die der Adria zunächst liegt, bis zum Tyrrhenischen Meer befrie-
10 den, wobei mit keinem Volk widerrechtlich Krieg geführt wurde. Meine Flotte fuhr von der Mündung des Rheins über den Ozean in östliche Richtung bis zum Land der Kimbern. Dorthin war zu Wasser und zu Lande bis zu diesem Zeit-
15 punkt noch kein Römer gekommen.

Res gestae 26. Zit. nach Marion Giebel (Hg.), Augustus, Res gestae, Tatenbericht, Stuttgart (Reclam) 2007. Übers. v. Marion Giebel, bearb. v. Verf.

Der griechische Geschichtsschreiber und römische Konsul Cassius Dio (um 163 bis um 235 n. Chr.) schrieb in seiner „Römischen Geschichte":

Zur gleichen Zeit wurden auch viele Kriege ausgefochten: Seeräuber überfielen zahlreiche Gebiete, sodass Sardinien einige Jahre lang nicht einmal einen Senator als Statthalter hatte, sondern Sol-
5 daten und Befehlshabern aus dem Ritterstand [1] anvertraut werden musste. Außerdem empörten sich nicht wenige Städte, was zur Folge hatte, dass zwei Jahre lang die gleichen Beamten ihre Stelle in den Provinzen bekleideten.

Cassius Dio 55, 28, 1.–2. Zit. nach Otto Veh (Hg.), Cassius Dio, Römische Geschichte, Bd. 4, Bücher 51–60, Zürich/ München (Artemis) 1986, S. 235f. Übers. v. Otto Veh, bearb. v. Verf.

[1] *nichtadlige Bürger, die durch Handel und Handwerk reich wurden (siehe S. 126)*

1 Nimm die Weltkarte im vorderen Umschlag zu Hilfe und nenne die Staaten, die heute in den Gebieten des ehemaligen Römischen Reichs liegen (M1).
2 Beschreibe mithilfe des Darstellungstextes, wie Augustus den Frieden nach außen und nach innen sicherte.
3 In M2 wird zweimal das Wort „befrieden" verwendet. Erkläre, was Augustus damit meinte und welche Maßnahmen er ergriffen hat, um zu „befrieden".
4 Liste die Probleme auf, die der Verfasser von M3 für das Römische Reich unter Augustus nennt.

Zusatzaufgabe: siehe S. 59

5 **Wähle eine Aufgabe aus:**
   a) Erläutere den Begriff „Brot und Spiele". Warum waren Feste und Spiele wichtig für die Machtsicherung der Kaiser?
   b) Stell dir vor, du hättest an einer Großveranstaltung in Rom teilgenommen. Verfasse einen Brief, in dem du einer gleichaltrigen Verwandten davon berichtest.
6 Der römische Historiker Tacitus (um 55–120 n. Chr.) schrieb über Augustus, dass dieser einen „blutigen Frieden" eingeführt habe. Nimm Stellung zu dieser Aussage.

Wohnen im antiken Rom

Vor 2000 Jahren war Rom die größte Stadt der Welt. Unablässig strömten Menschen aus allen Teilen des Reichs in die Hauptstadt, um sich dort eine Zukunft aufzubauen. Rom verfügte über gepflasterte Straßen, beheizbare Badeanlagen (Thermen) sowie unterirdische Kanäle, die Abfall und Fäkalien in den Tiber leiteten. Die meisten Bewohner Roms wohnten in Mietshäusern (lat. insulae). Reiche Römer lebten in prächtigen Häusern, während die Ärmsten auf der Straße hausten.
- *Erforsche auf dieser Seite das Leben in einer „insula".*

Steckbrief der Stadt Rom

- im 1. Jahrhundert eine Million Einwohner
  (davon 400 000 Sklavinnen und Sklaven)
- Menschen aus allen Völkern und Kulturen des Reichs
- religiöse Vielfalt: über 50 unterschiedliche Religionen
  und Kulte
- Herrschaftssitz des Kaisers mit seinen Beamten
- Alltagssprachen in Rom neben Latein: Griechisch,
  Aramäisch, Punisch

- steinerne Amphitheater für Aufführungen aller Art
- Circus Maximus für Wagenrennen
- nicht immer ausreichende Wasserversorgung
- keine öffentlichen Transportmittel
- wegen der engen Gassen Versorgung der Stadt nur
  nachts

1 = Ein Straßenhändler; 2 = Ein Hausaltar für die Hausgötter der Familie; 3 = Sklavinnen servieren das Essen; 4 = Müllentsorgung; 5 = Ein Maurer repariert das Gebäude. Einsturzgefährdete Mauern werden mit Balken abgestützt; 6 = Unter dem Dach wohnen sehr arme Menschen; 7 = Eine Straße aus gestampftem Lehm. In ihrer Mitte fließt Schmutzwasser ab; 8 = Öllampen; 9 = Ein Barbier schneidet das Haar und rasiert; 10 = Ein Brunnen, in den Mehrfamilienhäusern gibt es kein fließendes Wasser; 11 = Kohlebecken beheizen die Zimmer; 12 = Ein Korbflechter; 13 = In der Bäckerei gibt es neben Brot auch eine Art Pizza kaufen; 14 = Vorratskammer für Lebensmittel; 15 = Die Latrinen. Für die Benutzung der öffentlichen Toiletten muss man bezahlen; 16 = In den mittleren Stockwerken wohnen wohlhabendere Menschen

M1 *Römisches Mietshaus, Rekonstruktionszeichnung, 2006. Über die Wohnbedingungen gibt es unterschiedliche zeitgenössische Berichte. Die einen loben die mehrgeschossigen Wohnungen der insulae, andere warnen vor Verfall, Einsturz- und Feuergefahr. In den Wohnungen gab es wegen der Brandgefahr keinen Herd; die Bewohner versorgten sich oft in öffentlichen Garküchen mit warmem Essen.*

1 **Vorschlag für eine Gruppenarbeit:**
  Teilt euch in fünf Gruppen ein und gestaltet mithilfe von M1 und des Steckbriefs der Stadt Rom eine der fünf vorgeschlagenen Situationen. Stellt anschließend eure Ergebnisse vor.
  I Werbeprospekt: Der Hausbesitzer preist seine Wohnungen zur Vermietung an.
  II Reportage: Ein Reporter schreibt über das Leben in einer insula.
  III Gutachten: Sicherheitsexperten bewerten das Gebäude hinsichtlich seiner Sicherheit.
  IV Liste mit Forderungen: Die Mieter einer insula wollen ihre Wohnsituation verbessern.
  V Reisebericht: Zeitreise: Ein Romtourist aus unserer Zeit sieht eine insula und das Treiben auf den Straßen. Er berichtet zu Hause über die Lebensbedingungen in Rom.
2 Beschreibe das Leben in der antiken Großstadt Rom mit eigenen Worten. Hättest du dich dort gerne niedergelassen? Begründe deine Antwort.
3 Ein heutiger Historiker bezeichnet das Leben in Rom vor 2000 Jahren als „Wunder und Alptraum zugleich". Erkläre diese Einschätzung.
4 Besprecht gemeinsam, welche Ansprüche ihr heute an das Wohnen in der Stadt stellt. Welche Unterschiede zum Leben im antiken Rom stellt ihr fest?

Zusatzaufgabe: siehe S. 59

Frauen der römischen Oberschicht – reich und mächtig?

Frauen der römischen Oberschicht erlangten durch ihre Familien oftmals großen Reichtum und Einfluss.

- *Untersuche das Leben der Frauen der römischen Oberschicht und deren Stellung in der römischen Gesellschaft.*

Römisches Hochzeitsritual, Marmorrelief, 2. Jh. n. Chr.

Porträt eines römischen Mädchens, Fresko, 1. Jh. n. Chr.

Ein Leben in Abhängigkeit?

Das Leben vieler Frauen der römischen Oberschicht war von dem Willen der Eltern bestimmt. Denn diese verheirateten ihre Töchter früh – manchmal schon im Alter von zwölf Jahren – mit jungen Männern aus wohlhabenden
5 und politisch wichtigen Familien. Als Ehefrau und Mutter erzogen sie die Kinder und standen einem großen Haushalt vor. Trotz ihrer Verantwortung für die „familia" hatten Frauen nicht die gleichen Rechte wie Männer. Ihre Situation verbesserte sich aber zum Ende der Repu-
10 blik und in der Kaiserzeit: Sie wurden selbstständiger und in rechtlichen und finanziellen Dingen unabhängiger von ihren männlichen Verwandten. Beispielsweise wurde das Erbe zu gleichen Teilen mit den Brüdern aufgeteilt. Auch die Ehe wandelte sich: War die Frau mit
15 ihrem Vermögen dem Ehemann lange vollständig untergeordnet gewesen, herrschte gegen Ende der Republik meistens Gütertrennung. Das bedeutete, dass die Frau im Falle einer Trennung ihr Vermögen behielt.
Die Römerinnen zeigten ihren Reichtum durch teure
20 Kleidung, wertvolle Sklaven und kostbaren Schmuck. Ihre Männer versuchten ihrerseits, ihr eigenes Ansehen durch den Glanz ihrer Frauen zu steigern.

Das gesellschaftliche Ansehen von Frauen der römischen Oberschicht

25 Frauen aus der Oberschicht waren oftmals hochgebildet. Es gab Musikerinnen, Sportlerinnen oder Ärztinnen. Zwar hatte es schon im antiken Griechenland Dichterinnen gegeben, in Rom traten Frauen auch als Rednerinnen öffentlich auf. Anders als in Athen hatten römische Frauen mehr Möglichkeiten, am öffentlichen Leben teil-
30 zuhaben. Sie verfolgten die Angelegenheiten des Staates mit großem Interesse. Zwar durften sie keine Ämter innehaben oder an Wahlen teilnehmen, aber sie konnten zum Beispiel Gesuche beim römischen Senat einreichen oder traten als Vermittlerinnen bei politischen Konflik-
35 ten auf. Viele Frauen aus wichtigen Familien genossen in der Gesellschaft ein hohes Ansehen, was vor allem in Bauwerken oder Standbildern zum Ausdruck kommt, mit denen sie geehrt wurden.

Aus der Grabrede eines unbekannten Mannes für seine Ehefrau (1. Jh. v. Chr.):

Ehen von so langer Dauer, die durch den Tod beendet, nicht durch Scheidung getrennt werden, sind selten. Ward es uns doch beschieden, dass unsere Ehe ohne jede Trübung bis zum 41. Jahr
5 fortdauerte ... Was soll ich deine häuslichen Tugenden preisen, deine Keuschheit, deine Folgsamkeit, dein freundliches und umgängliches Wesen, deine Beständigkeit in häuslichen Arbeiten, deine Frömmigkeit, frei von allem Aberglau-
10 ben, deine Bescheidenheit im Schmuck, die Einfachheit im Auftreten? Wozu soll ich reden von der Zuneigung zu den Deinen, deiner liebevollen Gesinnung gegenüber der ganzen Familie? ... Wir haben uns so die Pflichten geteilt, dass ich die
15 Betreuung deines Vermögens übernahm und du über dem meinen wachtest ... Als ich vor politischer Verfolgung fliehen musste, warst du es, die mir mit Hilfe deines Schmuckes die meisten Mittel dazu verschaffte.

Laudatio Turiae, CIL VII 1527. Zit. nach Marcel Durry (Hg.), Éloge funèbre d'une matrone Romaine, Paris (Les Belles Lettres) 1950. Übers. v. Walter Arend.

 Der römische Geschichtsschreiber Livius (59 v. Chr.–17 n. Chr.) überlieferte eine Rede des Volkstribuns Valerius:

Öffentliche Auftritte von römischen Frauen gehören zu den Ruhmestaten unserer Geschichte. Haben sich die Frauen nicht tapfer dazwischen geworfen, als Römer und Sabiner sich mitten in
5 Rom eine Schlacht lieferten? Sind sie nicht hinausgezogen vor die Stadt und haben die feindlichen Volsker ... zum Abzug bewogen? Und als die Gallier Rom erobert hatten, gaben die Frauen einmütig all ihren Schmuck, um das Lösegeld
10 aufzubringen ... Sollen die Männer Purpurgewänder tragen, sollen fremde Frauen in Rom mit dem Wagen fahren dürfen und unsere Frauen nicht? Sie wollen ja gar keine Rechtlosigkeit – ihr sollt durchaus eure Stellung in der Familie behalten,
15 aber ihr solltet auch die Interessen der Frauen vertreten, sie nicht in Abhängigkeit halten und lieber Väter und Ehegatten heißen wollen als Herren. Je stärker ihr seid, desto maßvoller müsst ihr eure Macht ausüben.

Titus Livius. Zit. nach Hans-Jürgen Hillen (Hg.), Römische Geschichte, Buch XXXI–XXXIV, München (Heimeran) 1978. Übers. von Hans-Jürgen Hillen, bearb. v. Verf.

M5 *Römische Abendgesellschaft, Zeichnung, 2014*

1 **Wähle eine Aufgabe aus:**
   a) Betrachte M1 und M2. Sammle Adjektive, die die Frauen auf den Abbildungen beschreiben.
   b) Beschreibe mithilfe des Darstellungstextes das Leben der Frauen der römischen Oberschicht.
2 **Methode:** Untersuche M3 mithilfe der Arbeitsschritte „Schriftliche Quellen untersuchen". Achte besonders auf die Absicht und die Zuverlässigkeit der Aussagen.
3 Lies M4 und gib mit eigenen Worten wieder, wie Valerius die Auftritte von Frauen in der Öffentlichkeit beurteilt.
4 **Kurzvortrag:** Hatten Mädchen und Frauen der römischen Oberschicht deiner Meinung nach großen Einfluss auf die Gesellschaft? Gestalte einen Kurzvortrag zu dieser Frage, indem du mithilfe der Materialien Argumente dafür (pro) und dagegen (contra) sammelst.

Arbeiten im antiken Rom

Wenn du die antiken römischen Darstellungen auf dieser Seite siehst, wirst du vielleicht überrascht sein, dass es viele der damaligen Berufe heute noch gibt. Ähnlich wie heute genossen die einzelnen Berufe auch unterschiedlich hohe Anerkennung.
- *Welche Berufe gab es und welche Bedeutung hatten sie im antiken Rom?*

M1

15 waren. Als sich im Laufe der Zeit spezialisierte Handwerksberufe herausbildeten, wandelten sich diese Vorstellungen aber: Wer technisch und künstlerisch hochwertige Produkte wie Schmuck und Kleidung herstellte, konnte das Ansehen seines Berufs steigern. Das sehen 20 wir auf Darstellungen von Handwerkern und Produkten auf Grabsteinen.

Welche Berufe übten römische Frauen aus?

Verheiratete Frauen sollten im alten Rom vor allem im eigenen Haushalt tätig sein. Deshalb wurden auf Grab- 25 inschriften und in anderen Quellen, die sie ehren sollten, selten beruflichen Tätigkeiten außerhalb des Hauses genannt. Trotzdem waren viele verheiratete Frauen außerhalb des Hauses tätig. Über die Geschäftsfrau Eumachia aus Pompeji ist zum Beispiel bekannt, dass sie in ihrem 30 Namen und dem ihres Sohnes ein Gebäude, die Wollbörse, finanzierte und gestaltete. Über Freigelassene und Sklavinnen wissen wir, dass sie als Kellnerinnen, Buchhalterinnen und Hausangestellte, Bibliothekarinnen und Vorleserinnen arbeiteten. Ebenso waren sie in wenig 35 angesehenen Bereichen tätig: als Flötenspielerin, Wirtin, Tänzerin und Schauspielerin.

Viele Frauen waren im Gesundheits- und Bildungswesen zu finden: Hebammen, Ärztinnen und Erzieherinnen. Für den Handwerksbereich liegen nur Belege für Weberinnen vor. Keine Belege gibt es für Frauenarbeit in der 40 Holz-, Metall-, Ton- und Lederverarbeitung.

Vom Ansehen der Berufe

Im Römischen Reich gab es Berufe, die sehr hoch geschätzt wurden, und andere, die weniger wertgeschätzt wurden. Als anerkannt und ehrenhaft galten die Tätigkeiten des Politikers, des Kriegers und die selbstständige 5 Arbeit der Bauern in der Landwirtschaft. Auf der anderen Seite wurde jede Arbeit, die von Aufträgen und Anweisungen abhing, insbesondere Lohnarbeit, als unwürdig angesehen.

Eine Erklärung für diese Unterscheidung könnte darin 10 liegen, dass der Aufstieg Roms vor allem den Bauern zu verdanken war, die Kriegsdienst leisteten. Nach Ansicht der Römer hatten sie am Ruhm des Reichs besonderen Anteil. Ebenso galt die Verwaltung von Besitz als ehrenhafte Arbeit, weil viele Adelsfamilien Großgrundbesitzer

M2

Der römische Philosoph Cicero (106–43 v. Chr.) schrieb über die Anerkennung der Berufe:

Als unedel und unsauber gilt ... der Erwerb aller ungelernten Tagelöhner ... Alle Handwerker fallen auch unter diese unsaubere Zunft; was kann schon eine Werkstatt Edles an sich haben? ... Am allerwenigsten
5 kann man sich einverstanden erklären mit Berufen, die nur sinnlichen Genüssen dienen: Fischhändler, Fleischer, Köche, Hühnermäster, Fischer ..., Tänzer und das ganze leicht bekleidete Schauspiel. Diejenigen Berufszweige aber, die eine tiefere Vorbildung
10 verlangen und höheren Nutzen anstreben, wie die

Heilkunde, die Baukunst, der Unterricht in den edlen Wissenschaften, sind anständig ... Der Kleinhandel aber ist zu den unsauberen Geschäften zu rechnen, während der ... Großhandel, der die Verbrauchsgüter
15 aus aller Welt heranschafft und den Massen zugute kommen lässt, nicht ganz zu tadeln ist ... Von allen Erwerbsarten ist die Landwirtschaft die beste, die ergiebigste und angenehmste, die des freien Mannes würdigste.

Cicero, De officiis 1, 150. Zit. nach Karl Atzert (Hg.), Cicero, Vom pflichtgemäßigtem Handeln, München (Goldmann) 1959. Übers. v. Karl Atzert, bearb. v. Verf.

1 Schau dir die Darstellungen der Berufe in M1–M4 genau an und ordne sie diesen Bildlegenden zu: Großbäckerei (Relief aus einem Grabmal bei Rom), Gastwirtschaft (Relief aus einem Grabmal bei Trier), Kleinhandel (Relief eines Ladenschildes in Ostia), Schlosserwerkstatt (Relief aus einem Grabmal bei Aquileia). Begründe deine Auswahl.

2 **Wähle eine Aufgabe aus:**
   a) Arbeite aus M5 heraus, welche Berufe der römische Philosoph Cicero für besonders wertvoll hielt.
   b) Begründe, warum Menschen in Rom ihren Beruf in ihre Grabinschrift aufgenommen haben.

3 Erläutere, warum Berufe in der Landwirtschaft und im Handwerk hoch angesehen waren.

4 **a)** Stelle mithilfe des Darstellungstextes fest, welche Berufe römische Frauen ausüben konnten.
   b) Vergleiche deine Ergebnisse mit der heutigen Zeit. Nenne Gemeinsamkeiten und Unterschiede.

Wie lebten Sklaven im Römischen Reich?

Menschen als Handelsware und als Sache, die nach Belieben getötet, misshandelt, verkauft oder verschenkt werden kann? Menschen ohne Rechte? Was uns heute unvorstellbar erscheint, war in allen antiken Kulturen und in vielen Teilen der Welt noch bis ins 19. Jahrhundert verbreitet. Im Römischen Reich bestand etwa ein Drittel der Bevölkerung aus Sklaven.

- *Wähle ein Material aus (A, B oder C), und bearbeite es mithilfe der Aufgaben.*

Aufgabe für alle:
Sklaven als Lehrer oder Ärzte? Diskutiert, ob das aus eurer Sicht keinen Widerspruch darstellt.

Sklaverei im antiken Rom

Jeder gewonnene Krieg der Römer führte Tausende oder gar Zehntausende von Besiegten in die Sklaverei. Auch Seeräuber beteiligten sich an der lohnenden Jagd auf Menschen, die auf Sklavenmärkten verkauft wurden.
5 Viele Sklaven wurden schon unfrei, als Kinder von Sklaven, im Römischen Reich geboren.

Die Sklaverei war im antiken Rom eine wichtige Säule der Wirtschaft. Im 2. Jahrhundert beruhten die guten Erträge der römischen Landwirtschaft vor allem auf der
10 massenhaften Ausbeutung der Arbeitskraft von Sklaven, die auf den Olivenhainen oder den Weinbergen arbeiteten. Sklaven aus Griechenland oder dem östlichen Mittelmeerraum hatten aus ihrer Heimat oft sehr gute Kenntnisse und Fertigkeiten mitgebracht. Deshalb konnten sie
15 auch als Lehrer oder Arzt arbeiten.

Mancher vornehme Römer besaß mehr Sklaven als nötig. Da war es oft vorteilhafter, sie freizulassen. Wenn Sklaven freigelassen wurden, gelang es vielen von ihnen, als Bäcker, Schneider oder Kaufmann zu Wohlstand zu kom-
20 men. In der Kaiserzeit lagen Teile von Handel, Handwerk, Theater, das Gesundheitswesen und Teile der Staatsverwaltung Roms in den Händen von freigelassenen Sklaven. Im Römischen Reich kam es immer wieder zu Sklavenaufständen. Der bekannteste ist der des Spartacus (73 bis
25 71 v. Chr.).

Ein Sklavenjunge in einer römischen Küche, vermutlich in Pompeji, römisches Mosaik, undatiert

Der römische Geschichtsschreiber Plutarch (um 46–um 120 n. Chr.) über den römischen Politiker Cato (234–149 v. Chr.):

Cato hielt eine große Menge Sklaven, die er aus den Kriegsgefangenen kaufte, am liebsten solche, die noch klein waren und sich wie junge Hunde oder Fohlen nach seiner Art bilden und ziehen lie-
5 ßen ... Wenn er seinen Freunden und Amtsgenossen ein Gastmahl gab, ließ er gleich nach dem Essen die Sklaven, die beim Auftragen oder Zubereiten der Speisen nachlässig gewesen waren, auspeitschen. Diejenigen, die ein todeswürdiges
10 Verbrechen begangen zu haben schienen, ließ er dann, wenn sie von sämtlichen Sklaven in einem Gericht für schuldig befunden worden waren, hinrichten.

Plutarch, Marcus Cato der Ältere, 21. Zit. nach Konrat Ziegler (Hg.) Große Griechen und Römer, Bd. 1, München (Artemis) 1954. Übers. v. Konrat Ziegler, bearb. v. Verf.

1 Beschreibe das Leben von Sklaven, wie es in M1 und M2 dargestellt wird.

2 Lies M2 und gib mit eigenen Worten wieder, welche Haltung Cato gegenüber seinen Sklaven einnimmt.

B

Sklavenmarkt im alten Rom, Zeichnung, 20. Jahrhundert. Die Sklaven wurden auf großen Märkten verkauft. Der größte dieser Märkte war in der griechischen Hafenstadt Delos. An manchen Tagen wurden dort bis zu 10 000 Menschen verkauft. Für jeden Sklaven wurde ein Kaufvertrag abgeschlossen, in dem unter anderem die Qualität der Sklaven garantiert und der Kaufpreis festgehalten wurde.

Halsband eines Sklaven und seine Besitzmarke, undatiert. Auf der Marke steht: „Halte mich, damit ich nicht fliehe, und gib mich meinem Herrn zurück."

1 Stelle mithilfe von M3 dar, welche Bedeutung Sklavenmärkte für das Leben der Sklaven hatten.
2 Erkläre M4 aus der Sicht eines römischen Sklaven.

C

Einige Sklaven wurden als Gladiatoren eingesetzt. Sie kämpften in den Amphitheatern gegen andere Sklaven oder wilde Tiere. Bei großen Spielen kämpften sie dabei um ihr Leben, manchmal aber auch um ihre Freiheit, römisches Mosaik, 4. Jh. n. Chr.

1 Beschreibe das Leben von Sklaven, wie es in M5 und M6 dargestellt wird.
2 Erläutere welchen Wert Sklaven für ihre Besitzer und die Öffentlichkeit hatten.

M6 **Der griechische Geschichtsschreiber Diodorus (um 80 v. Chr.–um 29 n. Chr.) über die Sklaven in den Bergwerken in den spanischen Provinzen:**
Die mit der Arbeit in den Bergwerken beschäftigten Sklaven liefern ihren Herren unglaublich hohe Einkünfte, sie selbst aber, die in den Gruben unter der Erde ihre Körper Tag und Nacht aufreiben
5 müssen, sterben in großer Zahl unter dem außerordentlich harten Einsatz; denn ihnen wird bei ihrer Tätigkeit keine Erholung oder Pause gewährt, sie müssen vielmehr unter den Schlägen ihrer Aufseher, die sie zwingen, ihre fürchterliche Lage
10 zu ertragen, auf solch elende Weise ihr Leben opfern, wobei freilich einige dank ihrer Körperkraft und Seelenstärke im Stande sind, derartige Strapazen über einen langen Zeitraum hin auszuhalten. Der Tod ist jedenfalls wegen der Größe ihrer
15 Leiden ersehnenswerter als das Leben.
Diodor, Griechische Weltgeschichte V 36, 3–4, 38.
Zit. nach Otto Veh (Hg.) Diodoros, Griechische Weltgeschichte, Stuttgart (Hiersemann) 1993. Übers. v. Otto Veh.

Die Wasserversorgung – eine technische Herausforderung

Wasser war in der Antike wie heute ein lebensnotwendiges Gut. Wasser wurde vor allem in den Städten benötigt. Römische Ingenieure und Bauleute entwickelten ein Kanalnetz, in dem das Wasser aus den Bergen in die Städte geleitet wurde. Vielleicht hast du schon einmal ein römisches Aquädukt gesehen? In Europa, Nordafrika und im Vorderen Orient finden sich noch viele davon.
* *Wie funktionierte die Wasserversorgung über große Entfernungen?*

Aquäduktbrücke Pont du Gard bei Nîmes in Südfrankreich, Foto 2007. Das Bauwerk stammt aus dem ersten Jh. n. Chr. und ist 49 Meter hoch

Aquädukte – ein technische Meisterleistung

Für den steigenden Wasserbedarf in den Städten bauten römische Ingenieure neue Fernwasserleitungen. Diese überwanden auf großen brückenartigen Bauwerken, den Aquädukten, Täler und Flussläufe. Die Leitungen waren
5 meist überdacht, damit das Wasser nicht verschmutzte. Mathematiker berechneten exakt das erforderliche Gefälle, dadurch lief immer genug Wasser durch die Leitungen. Im 1. Jahrhundert n. Chr. entstanden allein rund um Rom 13 Fernleitungen von 17 bis 91 Kilometern Länge.
10 Bei voller Auslastung der Fernleitungen flossen täglich 700 Millionen Liter Wasser in die Hauptstadt.

Thermen

aus dem Griechischen: „warme Bäder". Römerinnen und Römer besuchten regelmäßig öffentliche Badehäuser. Neben dem Zweck der Körperreinigung erfüllten diese Einrichtungen auch eine gesellschaftliche Funktion: Hier traf man sich und tauschte sich aus. Mit der Erfindung der Fußbodenheizung am Ende des 1. Jh. n. Chr. wurden in Rom und den Provinzen mehrere Hundert Thermen errichtet, meist nach der gleichen Bauweise.

Wie wurde das Wasser verteilt?

Das ankommende Wasser wurde in „castella", großen Wasserreservoirs, gespeichert. Von dort gelangte es über
15 unterirdisch verlegte Blei- und Tonrohre an die 1300 öffentlichen Brunnen. Elf Brunnen waren dem Kaiser vorbehalten. Hinzu kam der enorme Wasserbedarf der rund 900 Badehäuser der Stadt. Die Entsorgung des Brauchwassers erfolgte über einen riesigen unterirdischen Ab-
20 wasserkanal, die „Cloaca Maxima", die in den Tiber führte. Über einen Wasseranschluss im Haus verfügte knapp die Hälfte der Hauptstadtbewohner. In Mietshäusern jedoch, in denen viele römische Familien lebten, war er selten. In der Regel erhielten nur Angehörige der Oberschicht, z.B.
25 Senatoren und Ritter, Genehmigungen für einen solchen Anschluss. Ein Privatmann ohne Vermögen hatte kaum Chancen, einen Wasseranschluss zu erhalten, weil die Zuleitungen von den Verteilerstellen zum Haus selbst bezahlt werden mussten. Wer Wasser verschmutzte, musste
30 mit hohen Geldstrafen rechnen.

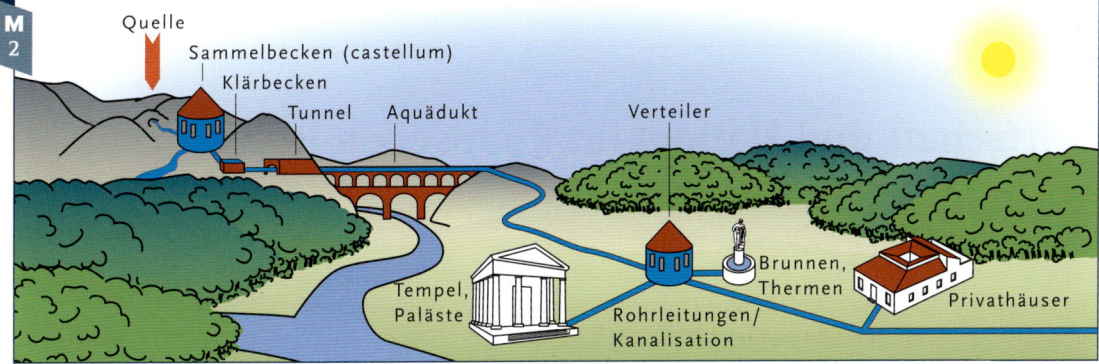

Römische Wasserversorgung, Zeichnung, 2014

Thermen mit öffentlicher Toilettenanlage in der römischen Stadt Cambodunum (heutiges Kempten), Foto, 2014

M4

Der Historiker Helmuth Schneider schrieb 1985:

Da große Mietshäuser nicht an die Kanalisation angeschlossen waren, gab es in den Wohnungen der Armen keine Toiletten; ... üblicherweise wurde der Topf nachts aus dem Fenster entleert, die

5 Fußgänger mussten sehen, dass sie von den Fäkalien nicht beschmutzt wurden ... Tagsüber konnte die Bevölkerung auch die mit der cloaca[1] verbundenen öffentlichen Latrinen[2] benutzen, die mehrere Sitze nebeneinander aufwiesen; es gab

10 keine Trennwände.

Helmuth Schneider, Cloaca Maxima, in: Journal für Geschichte, Weinheim (Beltz) Juli/August 1985, S. 17. Bearb. v. Verf.

[1] Abwasserkanal
[2] Toiletten

Asterix urteilt über die römische Ingenieurskunst, Comic, 1970

1 **Partnerarbeit:** Notiert, wozu wir heute Wasser brauchen. Verfasst eine Mindmap.
2 Beschreibe mithilfe des Darstellungstextes und M2, wie die Römer die Wasserversorgung ihrer Städte sicherten.
3 Beschreibe mithilfe von M1 und M2 die Funktionsweise eines Aquäduktes. Worauf musste der Architekt besonderen Wert legen?

4 **Wähle eine Aufgabe aus:**
a) Betrachte M3 und fasse zusammen, was der Historiker (M4) über Toiletten im alten Rom sagt. War Rom eine saubere Stadt? Formuliere eine eigene Meinung.
b) Betrachte M5. Schreibe einen Text, in dem du Asterix antwortest.

Wirtschaft und Handel im Römischen Reich

Dank gut ausgebauter Fernstraßen und einer bedeutenden Handelsflotte konnten im Römischen Reich Erzeugnisse über große Entfernungen gehandelt und getauscht werden. Mithilfe einer Wirtschaftskarte kannst du die Lage der Rohstoffvorkommen, wichtige Produktionsstätten bestimmter Güter und die Handelswege zu Wasser und zu Lande im Römischen Reich untersuchen.
- *Wie wurde Wirtschaft und Handel im großen Römischen Reich möglich?*
- *Welche Erzeugnisse und Waren wurden getauscht?*

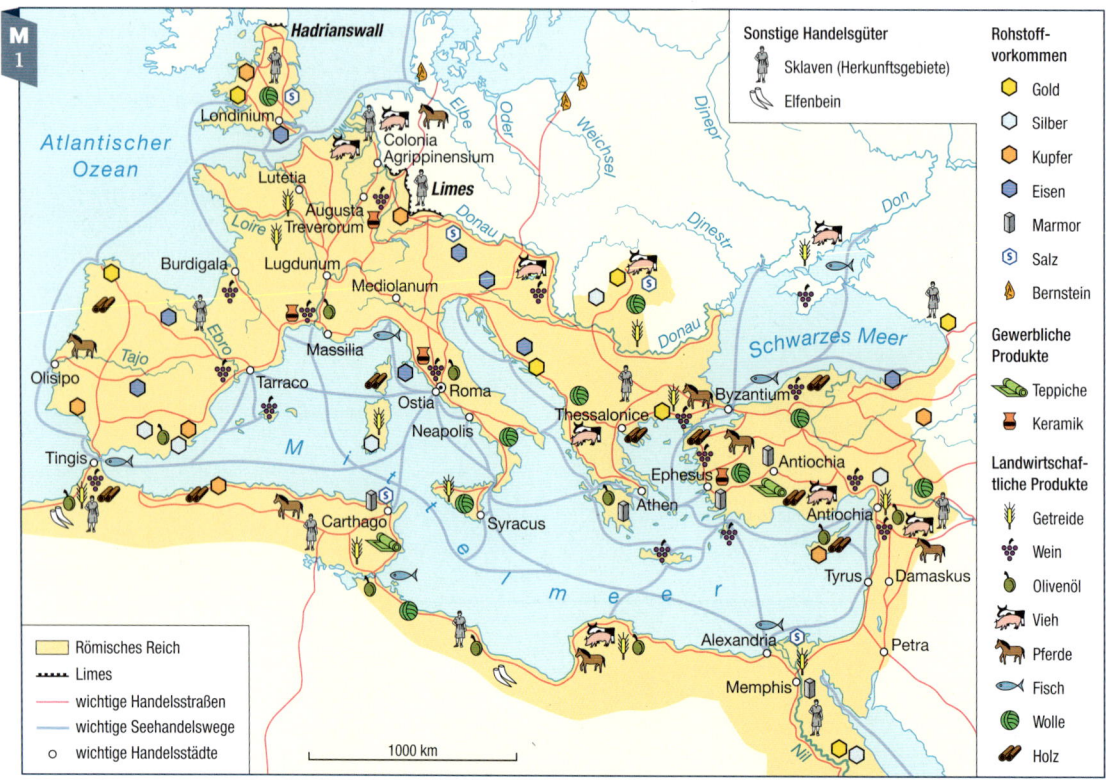

Wirtschaft und Handel im Römischen Reich im 2. Jahrhundert n. Chr.

Umschlagplatz Rom

Unter Augustus entwickelte sich Rom zu einer Millionenstadt. Um die Bevölkerung zu ernähren, mussten riesige Mengen Lebensmittel herangeschafft werden. Diese wurden vorwiegend auf den von Sklaven bewirt-
5 schafteten Gütern der Großgrundbesitzer produziert. Ein besonderes Ereignis für die Einwohner Roms war das Eintreffen der ersten Getreideschiffe aus Ägypten im Frühling. Zwar waren die römischen Lastschiffe größer als die griechischen und verfügten über einen zweiten
10 Mast, doch das offene Meer abseits der Küsten wurde nur zwischen Mitte April und Mitte Oktober befahren. Von Rom nach Alexandria dauerte die Schiffsreise bei bestem Wind neun Tage. In umgekehrter Richtung muss-
15 ten die schwer beladenen Schiffe gegen den Wind kreuzen und benötigten rund drei Wochen. Das typische Transportgefäß dieser Zeit war die Amphore, in der beispielsweise Getreide oder Öl transportiert wurden. Aus heutiger Sicht scheinen viele Handelswege des Römischen
20 Reichs große Umwege zu sein. Das hängt damit zusammen, dass der Transport zur See und auf Flüssen billiger und schneller war als auf dem Landweg. Nach Rom kamen hochwertige Waren aus aller
25 Welt. Die Hauptstadt wurde reich durch die Ausfuhr kostbarer Waren aus Italien in alle Provinzen des Reichs.

Römische Amphoren, 79 n. Chr., gefunden in einem Gebäude in Herculaneum

Arbeiten an Verkehrswegen in der Römerzeit, Rekonstruktionszeichnung

1 Untersuche die Karte M1 mithilfe der Arbeitsschritte „Eine Geschichtskarte auswerten". Übertrage die Fragen von dort in dein Heft und ergänze die Antworten.
   Tipp: Folgende Formulierungen könnten dir helfen:
   „Die Überschrift lautet …",
   „Die Karte gibt Auskunft über die Wirtschaft und den Handel im Römischen Reich im …",
   „Die Symbole stehen für …", „Die Rohstoffe und Erzeugnisse wie … werden für … benötigt …",
   „Es wurde mit … gehandelt …"

2 Miss auf der Karte M1 mithilfe des Maßstabes die Ausdehnung des Römischen Reichs
   a) von Nord nach Süd (vom Limes des Kaisers Hadrian im Norden Britanniens bis Carthago),
   b) von West nach Ost (von Olisipo bis Damaskus).

3 **Wähle eine Aufgabe aus:**
   a) Benenne mithilfe von M1 die wichtigsten Handelswaren und liste ihre Herkunftsländer auf.
   b) Nimm die Weltkarte im vorderen Innenumschlag zu Hilfe und nenne anhand von M1 die heutigen Namen der Länder, mit denen Rom Handel trieb.

4 Betrachte M3 und schreibe einen Augenzeugenbericht aus der Sicht eines Händlers. Erkläre, warum das Straßennetz wichtig für den Handel ist.

5 Vergleiche mithilfe von M3 und M4 die Bauweise von römischen Straßen mit heutigen Straßen. Welche Probleme könnten römische Händler beim Transport durch diese Bauweise gehabt haben?

6 Oftmals wird gesagt, dass eine Zeit des Friedens den Aufschwung des Handels ermöglicht. Finde Argumente für diese Behauptung.

Die Via Appia, die älteste gepflasterte römische Fernstraße in Italien, Foto, 2002

Webcode: FG2300516-041
Römische Wirtschaft

Das Leben im römischen Germanien

Webcode: FG2300516-042

In West- und Süddeutschland finden sich viele Überreste, die an die Römer erinnern. Dazu zählt der Limes, die Grenzbefestigung zwischen dem Römischen Reich und den von verschiedenen germanischen Völkern beherrschten Gebieten.
- *Welche Bedeutung hatte der Limes?*
- *Welche Auswirkungen hatte die römische Herrschaft im Grenzgebiet?*

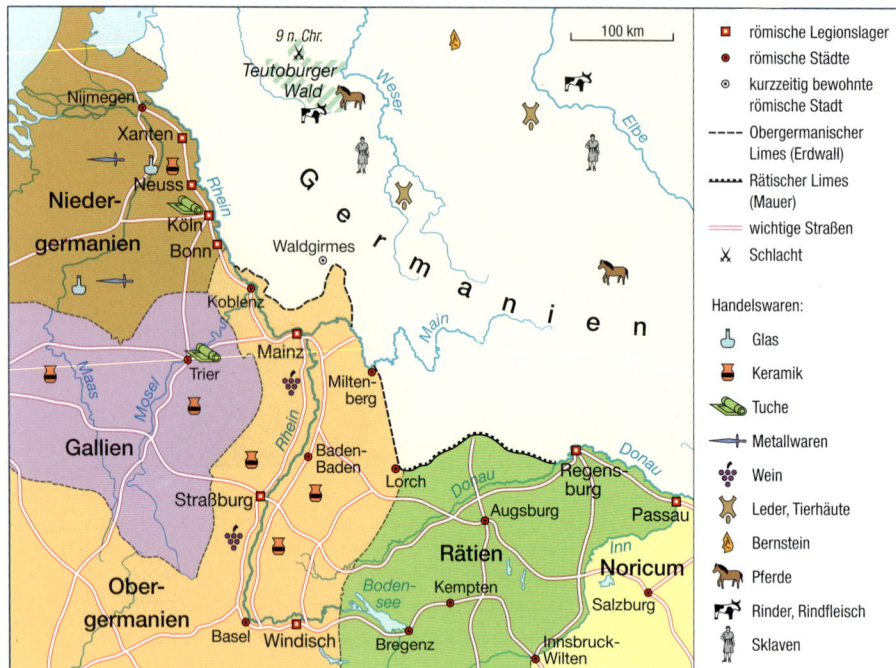

M1 *Der Obergermanische Limes im 2. Jahrhundert n. Chr.*

Romanisierung

Romanisierung bedeutet wörtlich „römisch machen". Allgemein ist damit die Übertragung römischer Lebensformen auf die besiegten Völker gemeint, z. B. Bauweise, Lebensgewohnheiten, Straßenbau, römisches Recht, lateinische Sprache, römische Götter.

Der Limes – Grenze zur Sicherung des Friedens?

Im Jahre 9 n. Chr. wurde eine römische Armee bei Kalkriese im heutigen Niedersachsen von Germanen vernichtend geschlagen (siehe S. 44/45). Als Reaktion auf diese Niederlage begannen die Römer mit dem Bau einer be-
5 festigten Grenze. Der Limes wurde von den Römern zum Schutz der eroberten Gebiete gebaut. Seine Wachtürme bildeten eine wirksame „Alarmanlage" gegen regelmäßige Überfälle von Germanen auf die wirtschaftlich reicheren römischen Gebiete.
10 Anfangs bestand der Limes nur aus einem geflochtenen Zaun, kleinen Erdbefestigungen und hölzernen Signaltürmen, ehe er im Laufe des 2. Jahrhunderts immer stärker befestigt wurde. Seine Gesamtlänge betrug 550 Kilometer. Einen weiteren Limes bauten die Römer auch im
15 Norden Englands („Hadrianswall") und im heutigen Rumänien. Trotz der militärischen Auseinandersetzungen hat der Limes Handel und Verkehr aber nicht behindert. Die Germanen lernten neue Techniken wie den Hausbau aus Stein und den Weinanbau. Mit den Römern
20 kamen Gurken, Sellerie, Kirschen und Pfirsiche erstmals in unsere Gegend. Umgekehrt waren die Soldaten Roms bei ihrer Versorgung auf Produkte der Germanen angewiesen.

Legionäre – nicht nur Soldaten

25 An der militärischen Befestigungsanlage des Limes waren bis zu 30 000 Soldaten in rund 120 Stützpunkten stationiert. Ihr Leben war aber nicht immer von Kampf und Krieg bestimmt. Sie mussten Festungsanlagen, Kasernen, Straßen und Kanäle anlegen und auch Äcker
30 in der Nähe des Lagers bewirtschaften. Einige Legionäre hatten Spezialwissen und wurden daher als Feldvermesser, Architekt, Arzt, Schiff- und Wagenbauer oder als Schmied eingesetzt. Ein anderer Teil der Armee diente zur Sicherung nach innen, um Straßenräuber aufzu-
35 spüren und Aufstände niederzuschlagen. In der Legion betrug die Dienstzeit 20 Jahre. Wenn sie das Ende ihrer Dienstzeit erlebten, ließen sich die Soldaten mit ihren Familien als „Veteranen" in Siedlungen in der Nähe der

Festungen nieder – so zum Beispiel in Mogontiacum
40 (Mainz), Novaesium (Neuss) oder Aalen (Ala). Sie trugen dazu bei, dass sich die römische Lebensweise in den Grenzgebieten immer stärker verbreitete.

Spuren aus römischer Zeit

Von den Römern unterworfene Regionen übernahmen
45 deshalb die römische Lebensweise, weil Steinhäuser, Wasserleitungen und Heizung einen bequemeren Alltag ermöglichten. Diese Anpassung an die römische Kultur nennen wir Romanisierung. Die Römer prägen bis heute insbesondere mit ihrer Sprache und Schrift sowie ihren
50 Rechtsvorstellungen das Leben in großen Teilen Europas. So ist dieses Schulbuch in lateinischen Buchstaben gedruckt, und einige von euch lernen eine aus dem Latein abgeleitete „romanische" Sprache wie Französisch, Spanisch oder Italienisch.
55 Während man in West- und Süddeutschland viele Spuren aus römischer Zeit findet, beschänken sich diese in deinem Bundesland Niedersachsen auf wenige Orte. Anders als in westrheinischen Gebieten, wo ein reger Austausch des zivilen Lebens zwischen Römern und Germa-
60 nen stattgefunden hat und zahlreiche Städtegründungen nachgewiesen sind, sind es in Niedersachsen einzelne Schlachtorte, die auf heftige militärische Auseinandersetzungen schließen lassen. Aber selbst die bekannteste Schlacht, die Varusschlacht im Jahr 9 n. Chr., hat so we-
65 nig Spuren hinterlassen, dass ihre Lokalisierung bis heute umstritten ist. Weil in Kalkriese bei Osnabrück zahlreiche Waffen und 1988 eine Maske eines römischen Gesichthelms gefunden wurde (siehe S. 45), gilt es heute als wahrscheinlich, dass hier die Germanen dem römi-
70 schen Heer die größte militärische Niederlage beigebracht haben.

M2 Römischer Legionär mit Marschgepäck, Rekonstruktionszeichnung. Das Gepäck wog etwa 48 Kilogramm und bestand unter anderem aus Grundnahrungsmitteln, die für ein bis drei Tage reichen mussten, sowie aus Trinkwasser in Feldflaschen. Ergänzend zu den Lebensmitteln trug der Legionär: A Wurflanzen; B Helm; C Kurzschwert; D Schild; E Spaten; F Zeltplane/Ersatzkleidung; G Sichel; H Spitzhacke; I „Tornister" mit Löffel, Messer, Reparaturwerkzeug; J Koch- und Essgeschirr. Außerdem trug er meist noch private Kleinteile wie Kamm, Rasiermesser, Schreibzeug und Amulette.

....

1 **a)** Beschreibe mithilfe von M1 und des Darstellungstextes die Lage und Ausdehnung des Limes.
 b) Erläutere mithilfe des Darstellungstextes, welchen Zweck der Limes erfüllen sollte.
2 Finde mithilfe von M1 heraus, für welchen Teil des Limes das Modell M3 angefertigt wurde.
3 Verfasse mithilfe von M2 und des Darstellungstextes einen Brief eines römischen Legionärs an seinen Freund in Rom. Schildere Ausrüstung und Alltag.
4 Erläutere die Auswirkungen der römischen Herrschaft auf die eroberten Gebiete.
5 **Wähle eine Aufgabe aus:**
 Recherchiere eines der folgenden Themen und stelle es mithilfe eines Lernplakats deiner Klasse vor:
 a) das Leben in der Stadt Trier zur Römerzeit
 b) den Archäologischen Park Xanten.

M3 Grenzübertritt am Limes, Modell im Limesmuseum Aalen

Warum wurde Niedersachsen keine römische Provinz?

Um Raubzüge germanischer Stämme zu verhindern, war es das Ziel von Kaiser Augustus, die Germanen bis zur Elbe zu unterwerfen und die Grenze des Römischen Reichs vom Rhein bis an die Elbe als natürliche Grenze vorzuschieben. Große Teile des Gebiets des heutigen Niedersachen wären damit eine römische Provinz geworden.

- *Warum kam es nicht dazu?*

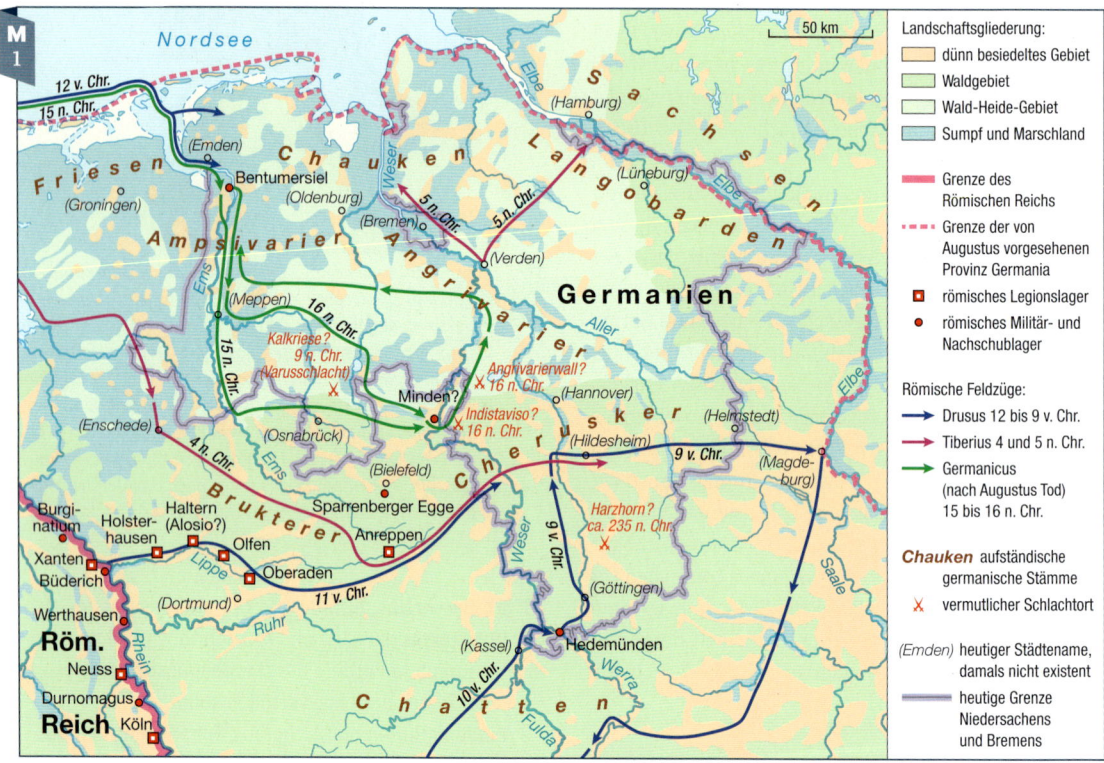

Norddeutschland zur Römerzeit

Die Germanen in Norddeutschland

In den Überlieferungen römischer Geschichtsschreiber war das Gebiet des heutigen Niedersachsens um Christi Geburt eine dunkle, fremde Landschaft mit ausgedehnten Sumpfgebieten und undurchdringlichen Wäldern.
5 Hier lebten germanische Stämme wie die Friesen, Chauken, Langobarden und Cherusker. Über ihre Lebensweise weiß man fast nur, was Tacitus in seiner Schrift „Germania" berichtete. Danach waren die Germanen östlich und nördlich von Rhein und Weser ein Volk von Bauern und
10 Kriegern. Sie siedelten überwiegend in verstreuten Einzelgehöften und kleinen Dörfern, lebten in Großfamilien und Sippenverbänden, die sich zu losen Stammesverbänden zusammenschlossen. Sie wohnten in strohbedeckten Häusern, in denen Menschen und Vieh unter
15 einem Dach lebten. An heiligen Kultstätten verehrten sie ihre Naturgötter. An der Spitze der Stämme standen Adlige mit ihren kriegerischen Gefolgschaften. Die Versammlung der freien Männer, das Thing, sprach Recht und wählte für Kriegszüge einen Herzog als Führer.

Die Varusschlacht

20 Nach den ersten siegreichen Feldzügen gegen die Germanen unter Drusus 12–9 v. Chr. und der Niederschlagung von Aufständen unter Tiberius 4 und 5. n. Chr. schien Germanien soweit unter römischer Kontrolle,

Eiserne Gesichtsmaske eines römischen Helmes, 1988 in Kalkriese gefunden. Foto

M2 *Abbildung Germanisches Wohn-Stall-Haus mit Speicher, Modell*

25 dass der von Augustus eingesetzte Statthalter Quitinius Varus hier eine Provinzorganisation aufbauen, römisches Recht und Glauben einführen sowie die Erhebung von Steuern und Tributzahlungen durchsetzen sollte. Dagegen erhoben sich die unter dem Cheruskerfürsten 30 Arminius zusammengeschlossenen germanischen Stämme und lockten 9. n. Chr. die römischen Legionen in einen Hinterhalt. In einem über drei Tage dauernden Gemetzel wurde das aus etwa 18 000 Soldaten bestehende römische Heer vernichtend geschlagen. Varus und die 35 anderen römischen Heerführer begingen Selbstmord, um nicht in die Hände der Germanen zu fallen. Obwohl immer noch nicht gesichert, weisen zahlreiche Funde (Ausrüstungsgegenstände, Waffen, Werkzeuge, Münzen) darauf hin, dass diese Schlacht auf dem Kalkrieser 40 Berg bei Osnabrück stattfand.

Nach dieser Niederlage führten die Römer unter Germanicus 14–16 n. Chr. zwar noch Rachefeldzüge durch. Und auch in den Jahrhunderten danach gab es immer wieder Streifzüge römischer Legionen durch das heutige 45 Niedersachsen. Neue Funde und Ausgrabungen am Harzhorn bei Northeim belegen zum Beispiel, dass dort vermutlich 235 n. Chr. eine Schlacht stattgefunden hat. Dies ändert aber nichts an der Tatsache, dass die Römer nach der Varusschlacht ihre Versuche aufgaben, das 50 Römische Reich bis zur Elbe auszudehnen.

1 Stelle mithilfe von M1 und des Darstellungstextes zusammen, was die Römer unternahmen, um die römische Provinz Germania auf Norddeutschland auszuweiten.

2 Verfasse einen Bericht über die Lebeweise der Germanen, wie sie im Text beschrieben wird und aus M2 hervorgeht. Vergleiche diese Lebeweise mit der, die du von den Römern kennst.

3 Erläutere mithilfe des Darstellungstextes, warum sich die germanischen Stämme gegen Varus auflehnten.

4 Überlege, welchen Eindruck M3 auf die germanischen Krieger machen sollte.

5 Wähle eine Aufgabe aus:

a) Als einer der wenigen überlebenden Soldaten berichtest du nach Rom über die Niederlage in der Varusschlacht.

b) Recherchiere, welche Funde von römischen Leben es in Niedersachsen gibt. Berichte darüber deiner Klasse.

Was wussten Römer und Chinesen voneinander?

Die Hauptstädte Rom und Xi'an liegen eine halbe Erdumrundung voneinander entfernt. Trotz dieser Entfernung belegen Quellen und Funde, dass das Römische und das Chinesische Reich seit dem 1. Jahrhundert v. Chr. voneinander wussten.
• Gelang es ihnen, miteinander Kontakt aufzunehmen?

Verabschiedung der Expeditions-Karawane des Entdeckers Zhang Qian Richtung Rom unter dem Han-Kaiser Wu-di (156–87 v. Chr.), Wandmalerei in den Mogao-Grotten bei Dunhuang, China, 7. Jh. Die Expedition endete im Reich der Parther. Diese überzeugten die Chinesen, dass es viel zu weit bis nach Rom sei.

Was kannten die Römer von der Welt?

Durch Fernhändler hörten die Römer von Gebieten außerhalb ihres Machtbereichs. Von herausragender Bedeutung für den römischen Fernhandel war die Entdeckung des Seeweges nach Indien. Einem kühnen See-
5 fahrer namens Eudoxos aus Alexandria gelang 112 oder 116 v. Chr. in nur 40 Tagen die Fahrt vom Roten Meer über den Indischen Ozean bis an die Westküste Indiens. Dies war keine Seefahrt entlang der Küsten, sondern über das offene Meer. Dazu mussten die Seefahrer die
10 vorherrschenden Richtungen der Winde genau kennen. Einhundert Jahre später, zur Zeit von Kaiser Augustus, war die Fahrt nach Indien schon zu einer richtigen „Rennstrecke" geworden. Zu Beginn der westöstlichen Monsunwinde legten von den Häfen am Roten Meer
15 über 100 Schiffe nach Indien ab, von denen jedes 6000 bis 1000 Tonnen laden konnte. In Indien wurden Luxuswaren aller Art aus Ostasien und Indien eingekauft, deren Verkauf im Römischen Reich märchenhafte Gewinne einbringen konnte. Zudem wurde der Zwischenhandel
20 der Parther umgangen.

Was kannten die Chinesen von der Welt?

Die Expansionszüge der Han-Kaiser hatten das Reich bis nach Korea und Vietnam ausgedehnt. Jenseits der großen Mauer kontrollierten weiterhin Nomadenvölker das
25 Gebiet, während im Westen natürliche Grenzen Feinde abhielten.

Die Chinesen standen bereits in vereinzelten Handelskontakten mit Japan und fernen Ländern im Süden. Dazu zählten Inseln des heutigen Indonesien sowie Sri Lanka
30 und die Ostküste Indiens. Die Chinesen wussten von der Existenz des Römischen Reichs, doch zu direkten diplomatischen Kontakten ist es in der Antike nie gekommen.

M2 Beliebte Luxuswaren
Aus China nach Rom: Seide, Pelze, hochwertiges Eisen, Zimt
Aus Rom nach China: Korallen, Purpurschnecken, Bernstein, hochwertiges Glas, Silber, Gold

Römische Silberschale mit einer Abbildung des griechischen Gottes Dionysos, gefunden in Gansu, China, 2./3. Jh. nach Chr.

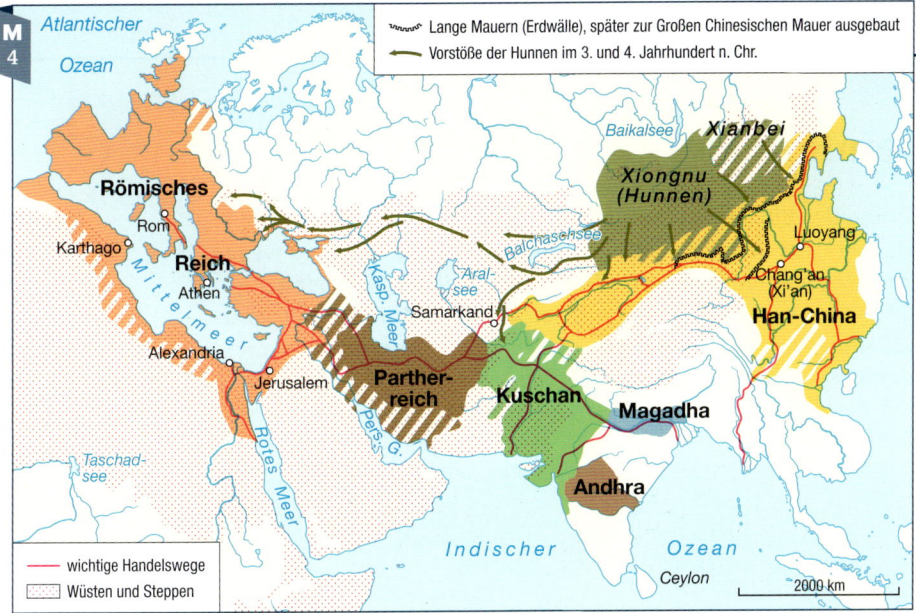

Lange Mauern (Erdwälle), später zur Großen Chinesischen Mauer ausgebaut
Vorstöße der Hunnen im 3. und 4. Jahrhundert n. Chr.

M 4

Europäische und asiatische Großreiche (2.–5. Jahrhundert)

M 5

Rom aus chinesischer Sicht – der Bericht einer chinesischen Chronik (5. Jh. n. Chr.):

Das Reich Dà Qin[1] hat über 400 Städte, die von Mauern aus Stein umgeben sind. An den gepflasterten Straßen finden sich Poststationen. Pinien und Zypressen sind die vorherrschenden Bäume. Die Rö-
5 mer widmen sich hauptsächlich der Landwirtschaft. Sie rasieren ihre Köpfe kahl und tragen gewebte Kleider. Ihr König fährt auf einem kleinen Wagen mit weißem Stoffschirm und besitzt fünf Paläste in der Hauptstadt. Die Säulen in den Räumen des Palastes
10 sind aus Kristallglas, genau wie das Geschirr zum Essen. Jeden Tag hält der König in einem seiner Paläste Gericht ... In jedem Palast arbeiten viele Beamte und führen ein geschriebenes Archiv ...
Die Menschen des Landes sind alle sehr groß und
15 normal gebildet. Sie ähneln den Chinesen, darum nennen wir sie Dà Qin (Ta-Ch'in = große Chinesen). Dà Qin treibt über See Handel mit Parthien und Indien, die Gewinne sind sehr hoch. Die Menschen aus Dà Qin sind ehrlich und offen ... Getreide und
20 Nahrungsmittel sind immer billig ... Sie prägen

Münzen aus Gold und Silber, wobei zehn Silbermünzen den Wert einer Goldmünze haben... Der König dieses Landes wollte immer mit den Han-Kaisern diplomatische Beziehungen aufbauen. Aber die Par-
25 ther hinderten die Römer daran, weil sie den Seidenhandel allein kontrollieren wollten ... Schließlich schickte der Kaiser An-Tun[2] eine Gesandtschaft, die im neunten Jahr der Regierung von Kaiser Huan [166 n. Chr.] die Grenze bei Vietnam erreichte. Die
30 Römer brachten als Geschenke Stoßzähne von Elefanten, Hörner des Rhinozeros und Schildplatt mit ... Dà Qin ist dicht bevölkert. Alle zehn Li[3] gibt es eine Raststätte an den Straßen und alle 30 Li eine Wechselstation für Pferde.

Hou Han Shou 88. Zit. nach Donald D. Leslie/Kenneth H. J. Gardiner (Hg.), The Roman Empire in Chinese Sources, Studi Orientali XV, Rom (Bardi) 1996, S. 47–52. Übers. v. Verf.

....

[1] *Großes Reich = Rom*
[2] *Kaiser Marcus Aurelius Antonius*
[3] *5 km*

....

1 Stelle dir vor, du hättest als römischer Jugendlicher deinen Vater auf einer Handelsreise von Rom nach China begleitet. Welche Kleidung und Ausrüstung hättest du für die Reise von einem Jahr gebraucht und welchen Gefahren wärest du vermutlich ausgesetzt gewesen?
Tipp: Nimm M4 zu Hilfe.

2 Erläutere mithilfe des Darstellungstextes Z. 21 ff. und M4, auf welchen Wegen Römer und Chinesen voneinander Kenntnis erlangten.

3 Chinesische Quellen nennen die Seidenstraße auch die „Glasstraße". Stelle eine Verbindung zu M2 her und begründe die Benennung.

4 Beschreibe M1 und nenne mögliche Gründe, warum der Kaiser persönlich die Karawane verabschiedete.

5 Finde in M5 Hinweise, wie die Chinesen sich das Römische Reich vorstellten. Stelle Vermutungen an, warum es nicht zu direkten diplomatischen Kontakten zwischen Rom und China kam.

Juden gegen Römer

Nach der Überlieferung der Bibel war Abraham der Urvater der Juden, Christen und Muslime. Er stammte aus dem heutigen Irak. Seine Nachfahren sollen wegen einer Dürre ins reiche Ägypten gezogen sein. Die Juden siedelten zur Zeit der römischen Republik in der Landschaft Judäa, die seit 63 v. Chr. römische Provinz war. Hier befand sich auch ihr religiöses Zentrum: der Tempel in Jerusalem.

- *Im 1. und 2. Jahrhundert kam es zu mehreren Kriegen zwischen Juden und Römern. Welche Ursachen und welche Folgen hatten sie?*

Die „Klagemauer" in Jerusalem ist ein heiliger Ort für Juden aus aller Welt. Sie ist eine Grundmauer des von den Römern zerstörten jüdischen Tempels. Darüber, auf dem Tempelberg, steht die Moschee Qubbat as-Sachra aus dem 7. Jahrhundert (genannt „Felsendom"), in der Muslime die Himmelfahrt des Propheten Mohammed verehren. Foto, 2008

Den Römern gehorchen?

Julius Caesar hatte während seiner Feldzüge im Osten des Reichs den Juden und ihrer Religion großen Respekt entgegengebracht. Unter römischer Herrschaft waren die Juden vom Militärdienst befreit. Seit der Herrschaft
5 von Kaiser Augustus bezahlten die römischen Kaiser selbst für die Opfer, die ihnen zu Ehren im Tempel von Jerusalem dargebracht wurden. Zahlreiche Römerinnen und Römer bekannten sich zum Gott der Juden.

Unter König Herodes, dem römischen Statthalter in der
10 Provinz Judäa, entstanden viele neue Städte. Doch Ruhe und Frieden kehrten nicht ein, da Teile der jüdischen Bevölkerung den römischen Herren jeden Gehorsam verweigerten. Nach jüdischem Glauben schuldete man nur Gott Gehorsam. Kaiser Augustus unterstellte deshalb
15 Judäa der direkten römischen Herrschaft und führte eine Volkszählung zur Festsetzung der Steuerzahlungen an Rom durch, wogegen sich heftiger Widerstand erhob. Die jüdische Oberschicht hatte kein Interesse an einem Konflikt mit den Römern, doch viele radikale Gruppen
20 riefen zum Kampf gegen die Besatzungsmacht auf. Zugleich zogen viele jüdische Wanderprediger durch das Land und warben für eine neue Gesellschaft: Unter ihnen war auch Jesus von Nazaret.

Kriege zwischen Juden und Römern

25 Andersgläubigen war das Betreten des jüdischen Tempels, in dem ein siebenarmiger Leuchter (Menora) und ein Altar aufgestellt waren, streng verboten. Als im Mai 66 n. Chr. römische Soldaten mit Spott und Beleidigungen in den Tempel von Jerusalem eindrangen, kam es zu ge-
30 waltsamen Aufständen. In dem darauf folgenden Krieg starben über eine Million Juden und Tausende römischer Soldaten. Im August 70 fiel die Stadt Jerusalem, und der jüdische Tempel wurde von Römern zerstört. Juden mussten von nun an eine besondere Steuer für den Jupi-
35 tertempel in Rom bezahlen.

Unter Kaiser Trajan brachen 116 n. Chr. erneut Revolten der Juden in Zypern, Kyrene und Alexandria gegen die Besteuerung Roms aus. Die Aufstände endeten mit der Unterwerfung der dortigen jüdischen Gemeinden durch
40 die Römer.

Als Kaiser Hadrian aus Jerusalem eine Stadt mit zahlreichen Tempeln für viele Götter machen wollte, kam es 132–135 n. Chr. zu einem letzten jüdisch-römischen Krieg. Unter ihrem Anführer Bar Kochba („Sohn eines
45 Sterns") gelang den Juden für kurze Zeit die Wiederherstellung der Unabhängigkeit. Wieder verloren Hunderttausende ihr Leben.

Kaiser Hadrian setzte seine Pläne schließlich durch: Juden durften Jerusalem bei Androhung der Todesstrafe
50 nicht mehr betreten. Judäa wurde umbenannt in Syria Palaestina. Für die Überlebenden begann die Zeit des Exils. Sie siedelten sich in den Städten rund ums Mittelmeer, im Perserreich, auf der Arabischen Halbinsel und später in Westeuropa an. Immer wieder mussten sie Aus-
55 grenzung und Verfolgung erleiden. Der moderne Staat Israel entstand erst im 20. Jahrhundert.

Römische Soldaten tragen die Menora aus dem Tempel von Jerusalem. Relief auf dem Triumphbogen, der 81 n. Chr. zu Ehren des Kaiser Titus in Rom errichtet wurde, Foto, 1981

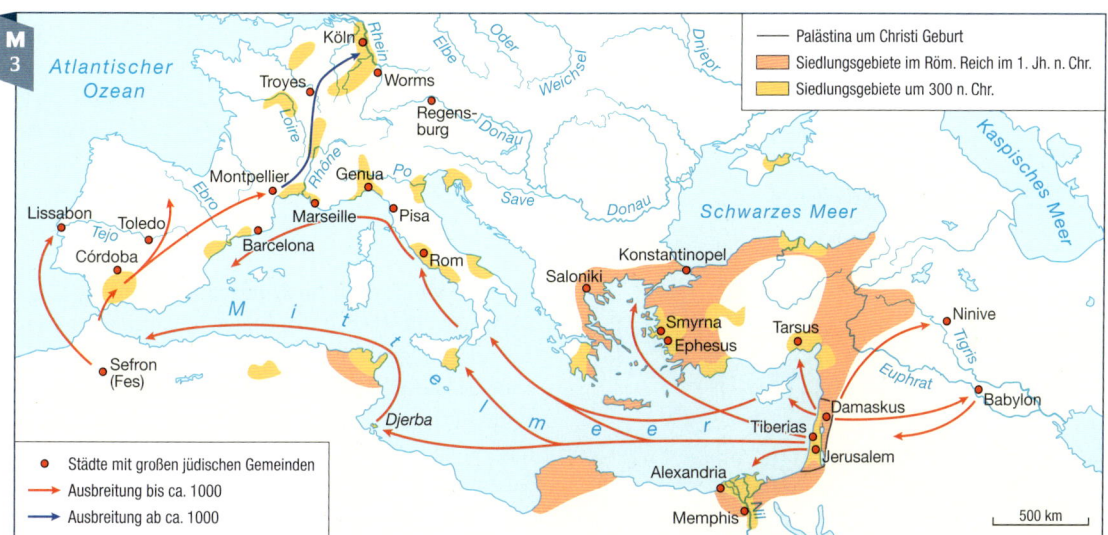

Jüdische Siedlungen um 750 n. Chr.

1 Werte den Darstellungstext aus und vergleiche die Kriege zwischen Römern und Juden in einer Tabelle.

Krieg	66–70		
Anlass			
Folgen			

2 Beschreibe M2 und erkläre, welche Bedeutung der erbeutete Gegenstand für die Juden hatten.
Tipp: Nimm den Darstellungstext Z. 24–35.

3 Finde in der Karte M3 die Regionen, in denen sich Juden nach der Vertreibung aus Judäa ansiedelten.

4 Der britische Historiker R. L. Fox sieht in den jüdisch-römischen Kriegen die „extremste Form der Romanisierung".
a) Wiederhole von S. 42 die Bedeutung des Begriffs Romanisierung.
b) Bewerte die Aussage des Historikers: Finde mindestens ein Argument dafür und eines dagegen.

Die Ausbreitung des Christentums im Römischen Reich

Die Römer unterwarfen viele Völker, die andere Gottheiten als sie verehrten. In Judäa trafen sie nicht nur auf das Judentum, sondern auch auf die ersten Christen. Wie die Juden glaubten auch die Christen an nur einen Gott (griech. Monotheismus).

- *Warum verbreitete sich die christliche Religion, und warum nahm sie bald eine bevorzugte Stellung im Römischen Reich ein?*

Die Entstehung der christlichen Religion

In der römischen Provinz Judäa lebte zur Zeit der Kaiser Augustus (30 v. Chr.–14 n. Chr.) und Tiberius (14 n. Chr. bis 37 n. Chr.) der Jude Jesus von Nazaret. Als Wanderprediger forderte er die Menschen zur Nächstenliebe auf
5 und weckte in ihnen die Hoffnung auf das kommende Reich Gottes. Für seine Anhänger war er der von den Juden erwartete Messias (hebräisch: Gesalbter Gottes). Der griechische Ausdruck für Messias heißt Christos. Daher bezeichneten die Römer die Anhänger dieser jü-
10 dischen Sekte nach Jesu Tod als „Christen". Jesus geriet mit seiner Botschaft in Konflikt mit den jüdischen Schriftgelehrten und den Priestern in Jerusalem. Sie sahen in ihm einen Aufrührer und eine Gefahr für den sozialen Frieden. Deshalb klagten sie ihn um ca. 30 n. Chr.

Christus als guter Hirte, römische Wandmalerei aus einer unterirdischen Begräbnisstätte (Katakombe), 3. Jh. n. Chr.

15 beim römischen Provinzstatthalter Pontius Pilatus an. Dieser verurteilte Jesus zum Tod am Kreuz. Wahrscheinlich sah Pilatus in Jesus auch einen der vielen Widersacher gegen die römische Herrschaft in Judäa.

Apostel verbreiten die christlichen Ideen

20 Trotz der anfänglich wenigen Anhänger verbreitete sich die „frohe Botschaft" Jesu (griechisch: Evangelium) dank der Apostel (Sendboten) im östlichen Mittelmeerraum und bis in die Hauptstadt Rom. Die bekanntesten Apostel sind Petrus und Paulus. Sie waren gebildete Ju-
25 den, sprachen neben dem im Alltag gebräuchlichen Aramäischen auch Griechisch und Latein. Paulus war römischer Bürger und gewann auf seinen Reisen viele Menschen für die neue Lehre. Anfangs verstanden sie sich noch als Juden. Erst allmählich empfanden sie die
30 Unterschiede zum herkömmlich jüdischen Glauben zu groß.

Von der Minderheit im Römischen Reich …

Die neuen christlichen Gemeinden bestanden vor allem aus Angehörigen der städtischen Unterschichten, römi-
35 schen Soldaten, Frauen und einigen wohlhabenden Römern. Auch viele Sklaven bekannten sich zum Christentum.
Solange sie die öffentliche Ordnung nicht störten, waren die Gemeinden im Römerreich geduldet. Da die Christen
40 das Kaiseropfer ablehnen, gerieten sie aber immer wieder unter Verdacht. Was taten sie, wenn sie sich zu Gebet und Gottesdienst in Privathäusern trafen? Als 64 n. Chr. in Rom ein verheerender Brand wütete, unterstellte Kaiser Nero den Christen Brandstiftung und ließ viele von
45 ihnen hinrichten. Dabei sollen auch die Apostel Petrus und Paulus als Märtyrer gestorben sein. Am vermuteten Grab des Apostels Paulus wurde eine Kirche errichtet, die mehrfach zerstört und umgebaut heute als „Petersdom" zum Zentrum der katholischen Christenheit ge-
50 worden ist. Auch im 2. und 3. Jahrhundert kam es vereinzelt zu Christenverfolgungen.

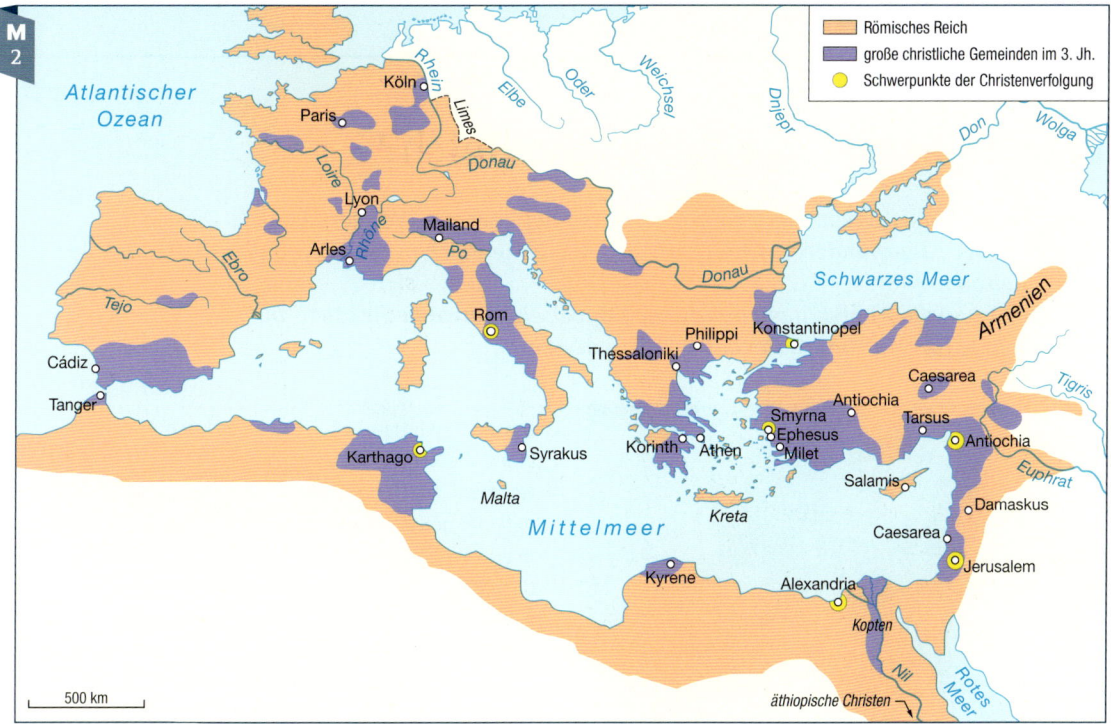

Die Ausbreitung des Christentums im 3. Jahrhundert

... zur Staatsreligion

Die entscheidende Wende für die Christen kam mit Kaiser Konstantin. Er erkannte 313 das Christentum als gleichberechtigte Religion an. Eine christliche Legende
55 erzählt, dass Konstantin vor einer Schlacht gegen seinen Rivalen Maxentius im Traum ermahnt worden sei, mit dem Christuszeichen auf Fahnen und Schilden in die Schlacht zu ziehen. Nach seinem Sieg sicherte Konstantin allen Christen die freie Religionsausübung zu. Er be-
60 stimmte den Sonntag zum Ruhetag, unterstützte finanziell den Bau von Kirchen, verbot die Kreuzigung und gab Christen hohe Ämter in seiner Verwaltung. Erst auf dem Sterbebett ließ er sich taufen. Mit der konstantinischen Wende wurde die Verbindung von römischem
65 Staat und Christentum immer enger. Kaiser Theodosius I. (379–395) machte das Christentum zur alleinigen Religion (Staatsreligion). Unter der nun einsetzenden Verfolgung von Nichtchristen litten besonders die Juden, von denen die meisten ins Reich der Perser und in

Christogramm

Münze des Kaisers Konstantin, 315 n. Chr. Auf dem Schild ist die römische Wölfin abgebildet; im Helm zeigt eine runde Scheibe das sogenannte Christogramm. Die griechischen Buchstaben X (CH) und P (R) sind die Anfangsbuchstaben von Christus.

70 die Handelsstädte der Arabischen Halbinsel auswanderten.
Eine einheitliche christliche Kirche hat es nie gegeben. Der Gottesdienst wurde im Westen in lateinischer und im Osten in griechischer oder aramäischer Sprache gehal-
75 ten.

1 **Partnerarbeit:** Erarbeitet aus dem Darstellungstext, was für die Entwicklung und Ausbreitung des Christentums entscheidend war. Haltet eure Ergebnisse in einer Mindmap fest.

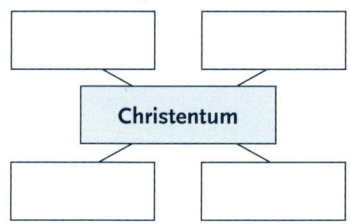

2 Zeige an M2, in welchen heutigen Ländern sich das Christentum im 3. Jh. n. Chr. verbreitet hatte.
3 Erläutere den Begriff „konstantinische Wende" (Darstellungstext Z. 52 ff.).
4 **Partnerarbeit:** Stellt fest, was die Christen aus Sicht der Römer „verdächtig" machte. Findet ein Beispiel dafür, dass es solche Verdächtigungen auch heute noch gibt.

Zusatzaufgabe: siehe S. 59

Warum zerfiel das Römische Reich?

Unter Kaiser Augustus sprachen die Römer von einer „ewigen Weltherrschaft".
Doch ab dem 3. Jahrhundert n. Chr. geriet das Römische Reich in eine Zeit andau
ernder Krisen.
* *Der Text und die Abbildungen auf dieser Doppelseite verraten dir etwas über*
  die Gründe für den Untergang des Römischen Reichs.

Skulptur der vier Kaiser Diokletian, Maximian, Galerius und Constantius Chlorus aus der Zeit der Vierkaiserherrschaft, Anfang 4. Jh. n. Chr. Die Skulptur ist in die Außenfassade des Markusdoms in Venedig eingefügt.

Bedrohung der römischen Herrschaft

Im 3. Jahrhundert drangen germanische Stämme von Norden ins Römerreich ein. Der Limes musste aufgegeben werden. Im Osten erlitten die Römer schwere Niederlagen gegen die Parther (siehe S. 18). Die Verstär
5 kung der Grenzbefestigungen und der Unterhalt des Heeres verschlangen so gewaltige Summen, dass die Steuern für Handel, Gewerbe, Bauern und Wohlhabende drastisch erhöht wurden. Dadurch erlahmte das Wirtschaftsleben. Keiner der Kaiser fand eine Lösung, es
10 fehlten neue Ideen für die Verbesserung der Verwaltung. Die Befehlshaber der römischen Armeen an den Grenzen erlangten zunehmende Macht und wurden von ihren eigenen Soldaten zu Kaisern ausgerufen. Zwischen 234 und 284 regierten 22 solcher „Soldatenkaiser".

15 Kaiser Diokletian versuchte 285 durch die Einführung einer Viererherrschaft (Tetrarchie) die staatliche Ordnung wiederherzustellen. Vier Herrscher regierten von den vier neuen Hauptstädten Trier, Mailand, Thessaloniki und Nikomedia (heute Izmit/Türkei) aus, um näher an
20 den Konfliktherden zu sein. Einer der vier, Konstantin (324–337 n. Chr.), gründete auf den Mauern der griechischen Stadt Byzanz an der Meerenge zwischen Europa und Asien eine neue Hauptstadt und nannte sie Konstantinopel. Sie sollte zum „zweiten Rom" werden und die
25 alte Hauptstadt an Pracht und Reichtum übertreffen. Im Jahre 395 kam es unter Kaiser Theodosius zur Teilung in das lateinische Weströmische Reich und das griechische Oströmische Reich.

Die Hunnen

30 Um 375 tauchte im Osten Europas das Nomadenvolk der Hunnen auf, das zuvor in den Gebieten nördlich des Chinesischen Reichs umhergezogen war (siehe Karte S. 47). Als hervorragende Reiter und Bogenschützen waren sie gefürchtete Krieger und nahmen von Besiegten
35 Tribute. Die Hunnen lösten eine Reihe von Wanderbewegungen germanischer Völker aus, ehe sie sich in den Ebenen des heutigen Ungarn niederließen. Lange Zeit waren die Historiker der Ansicht, dass ganze Völker mit Pferd und Wagen auf der Suche nach einer neuen
40 Heimat unterwegs waren („Völkerwanderung"). Die moderne Forschung betrachtet viele dieser Wanderungen nur noch als mythische Erzählungen späterer Zeiten. Unbestritten ist jedoch, dass es größere Wanderungsbewegungen gab. Die Gründe dafür waren vermutlich Ver
45 drängung durch andere Völker, Ernährungsprobleme durch Klimaveränderungen und die Nachrichten über günstigere Lebensbedingungen im Römischen Reich.

Römer und Germanen

410 eroberten die Westgoten Rom und zogen weiter. Das
50 Ende des Weströmischen Reichs war 476 gekommen, als ein Germanenfürst den letzten römischen Kaiser Romulus Augustulus absetzte. Die Römer mussten sich nun einer kleinen Führungsschicht von Germanen unterordnen. Die an Dorf- und Stammesgemeinschaften gewohn-

ten Germanen übernahmen die funktionierende römische Verwaltung und brauchten dazu römische Experten. Römer und Germanen lebten nach eigenem Recht mit eigenen Richtern. Ehen zwischen Römern und Germanen waren verboten.

Im Laufe der Zeit nahmen die Germanen die römische Kultur und das römische Rechtswesen an.

Nomadenkessel aus dem 4./5. Jh., der 2007 in der Ausstellung „Attila und die Hunnen" gezeigt wurde

M2

M3

500 km

	Westgoten		Ostgoten		Wandalen
	Gesamtzahl: ca. 120 000 davon ca. 25 000 Krieger Römer in diesem Reich: ca. 10 Mio.		Gesamtzahl: ca. 150 000 davon ca. 25 000 Krieger Römer in diesem Reich: ca. 12 Mio.		Gesamtzahl: ca. 80 000 davon ca. 15 000 Krieger Römer in diesem Reich: ca. 3 Mio.

Nordsee · Ostsee · Jüten · Angeln · Sweben · Goten · Hunnen · Kelten · Briten · Reich der Angeln und Sachsen · Sachsen · Langobarden · Burgunder · Wandalen · Goten · Ostgoten · Reich der Franken · Franken · Paris · Alamannen · Langobarden · Westgoten · Atlantischer Ozean · Burgund · Reich der Ostgoten · Ravenna · Schwarzes Meer · Trapezunt · Reich der Sweben · Reich der Westgoten · Toulouse · Korsika · Rom · Konstantinopel · Oströmisches Reich · Toledo · Balearen · Sardinien · Cosenza · Athen · Westgoten · Cartagena · Sizilien · Syracus · Zypern · Jerusalem · Reich der Wandalen · Karthago · Kreta · Mittelmeer · Kyrene · Alexandria

- - - Grenze zwischen Weströmischem Reich und Oströmischem Reich seit 395 n. Chr.

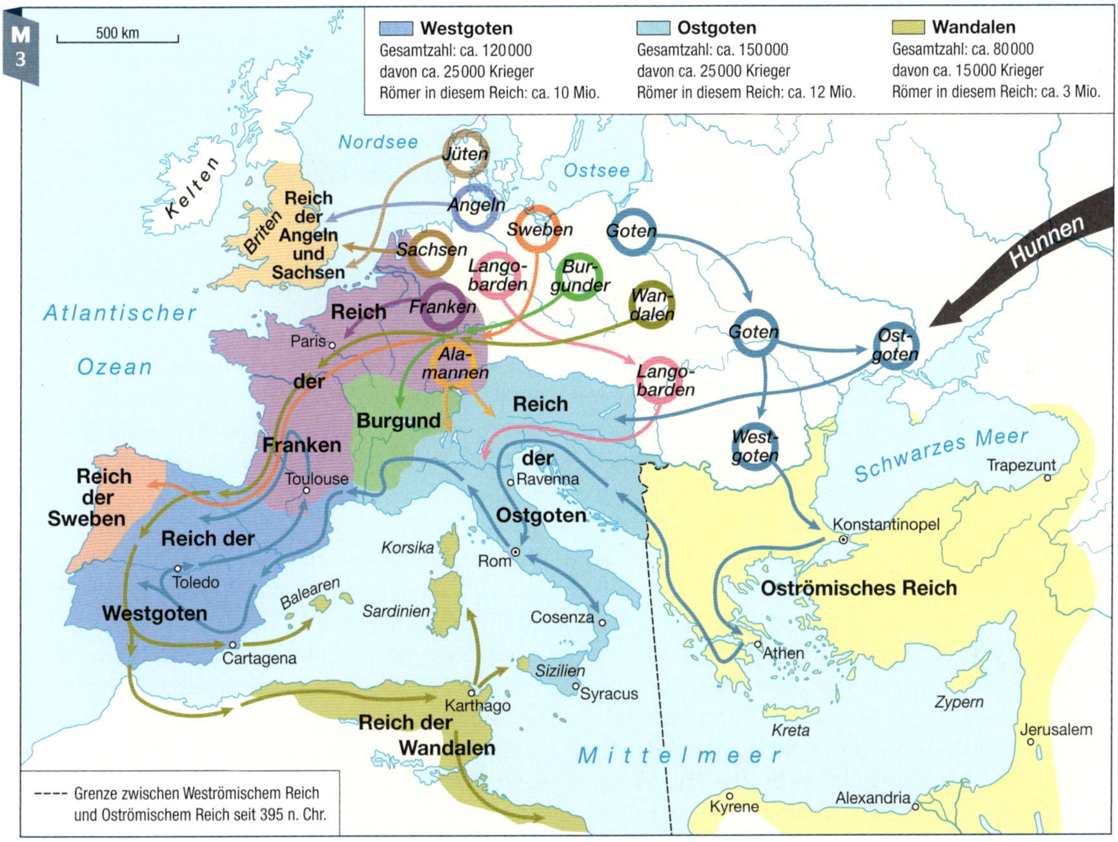

Germanische Heerzüge und Reiche auf römischem Gebiet im 5. Jahrhundert n. Chr.

---

1 Schreibe mithilfe der folgenden Sätze einen eigenen zusammenfassenden Text:
   Auf die Bedrohungen von außen reagierten die römischen Kaiser durch …
   Schließlich wurde das Reich geteilt in …
   Das Auftauchen der Hunnen erzeugte …
   Nach der Eroberung Roms lebten Römer und Germanen …

2 Erläutere, was M1 über die Herrschaftsverhältnisse im Römischen Reich aussagt.

3 Beschreibe M2 und erläutere, warum der Gegenstand typisch für die Kultur der Hunnen war.

4 Suche aus der Karte M3 die Zahlenverhältnisse von Römern und Germanen (West- und Ostgoten, Wandalen) heraus. Prüfe, ob die Informationen im Darstellungstext (Z. 48–61) dazu passen.

| 1000 v. Chr. | 900 v. Chr. | 800 v. Chr. | 700 v. Chr. | 600 v. Chr. | 500 v. Chr. | 400 v. Chr. | 300 v. Chr. |

ROM

1000 v. Chr. Sabiner und Latiner siedeln auf dem späteren Gebiet der Stadt Rom

753 v. Chr. Gründung der Stadt Rom der Sage nach

510–27 v. Chr. Zeitalter der römischen Republik

um 494–287 v. Chr. Ständekämpfe zwischen Plebejern und Patriziern

CHINA

1600 v. Chr. Entstehung von Fürstentümern und kleineren Königreichen, die chinesische Schrift entsteht

400 v. Chr. Baubeginn der Chinesischen Mauer

Das Römische Reich

Die Frühzeit Roms

Die Sage zur Entstehung Roms legt die Gründung der Stadt auf das Jahr 753 v. Chr. fest. Archäologen haben herausgefunden, dass es auf dem Gebiet der späteren Stadt Rom bereits um 1000 v. Chr. erste Siedlungen gab.
5 Später wanderten die Etrusker an den Fluss Tiber, errichteten dort eine Königsherrschaft und bauten das Dorf zur Stadt aus.

Mit der Vertreibung des letzten etruskischen Königs wurde Rom um 510 v. Chr. eine Republik, die von adligen
10 Patrizierfamilien regiert wurde. Fast alle Römer der Frühzeit waren Bauern, die sparsam lebten und jeden Luxus ablehnten. Die Plebejer konnten in den Ständekämpfen (ca. 494–287 v. Chr.) politische Mitspracherechte erringen. Da die Patrizier zahlreiche Kriege führ-
15 ten, waren sie auf die Plebejer als Soldaten angewiesen.

Ausbreitung im Mittelmeerraum

Rom gewann durch zahlreiche Kriege die Vorherrschaft in Italien bis zum Fluss Po im Norden. Die Kriege gegen die Nachbarn und die Ständekämpfe veränderten die alt-
20 römische Gesellschaft. Es entstand eine neue Oberschicht aus patrizischen und reichen plebejischen Familien. Diese Familien bestimmten über den Senat, die Entscheidungen der Magistrate und der Volksversammlungen. Durch die drei Kriege gegen Karthago erlangten die Rö-
25 mer im 3. und 2. Jahrhundert v. Chr. die Herrschaft über das westliche Mittelmeer. Die Insel Sizilien wurde zur

ersten Provinz des Römischen Reichs. Während des 1. Jahrhunderts v. Chr. dehnte Rom seine Herrschaft auch über den östlichen Mittelmeerraum aus (Expan-
30 sion) und brachte reiche Gebiete wie Ägypten unter seine Kontrolle.

Krise und Ende der römischen Republik

Der Aufstieg Roms zur Weltmacht hatte tief greifende Folgen für die römische Gesellschaft. Die langen Kriege
35 machten die römischen Kleinbauern zu landlosen Bettlern und Tagelöhnern. Die Oberschicht wurde durch Beute und Abgaben aus den eroberten Gebieten immer reicher. Durch die Eroberungen strömten Hunderttausende Kriegsgefangene als Sklaven nach Italien. Dort
40 wurden sie von Großgrundbesitzern als billige Arbeitskräfte auf ihren Landgütern eingesetzt. Sklaven verdrängten die Tagelöhner, die nun in die Städte abwanderten und dort die neue Unterschicht (plebs) bildeten. Weil die Zahl der Kleinbauern abnahm, fehlten Soldaten.
45 Die militärische Stärke Roms sank.

Mehrere Politiker versuchten, die Krise zu lösen: der Reformer Tiberius Gracchus, der Heerführer Marius und der Diktator Caesar. Die politische Führungsschicht Roms spaltete sich in die zwei Lager der Popularen auf-
50 seiten der Volksversammlung und der Volkstribunen sowie in die Partei der Optimaten, die den Senat stützten und alle Reformen ablehnten. Bürgerkriege und Misswirtschaft erschütterten das Land.

| 200 v. Chr. | 100 v. Chr. | Christi Geburt | 100 n. Chr. | 200 n. Chr. | 300 n. Chr. | 400 n. Chr. | 500 n. Chr. |

264–146 v. Chr. Kriege gegen Kathargo und Expansion des Römischen Reichs im Mittelmeerraum

133–27 v. Chr. Krise der römischen Republik, beginnt mit den Reformen der Gracchen

44 v. Chr. Caesar wird ermordet

27 v. Chr.–14 n. Chr. Prinzipat unter Augustus und Beginn der römischen Kaiserzeit

1. u. 2. Jh. n. Chr. Kriege zwischen Römern und Juden

3. Jh. n. Chr. Krise des Römischen Reiches

221 v. Chr. Gründung des chinesischen Kaiserreichs durch Kaiser Qin Shi Huang-di

391 Christentum wird Staatsreligion

206 v. Chr.–220 n. Chr. Herrschaft der Han-Dynastie

138 v. Chr. Verabschiedung einer Expeditions-Karawane in Richtung Rom

476 Ende des Weströmischen Reiches

Unter dem Vorwurf, Caesar strebe eine Monarchie an,
55 wurde er 44. v. Chr. von Senatoren ermordet. Die Nachfolge trat sein Adoptivsohn Octavian an, der spätere Kaiser Augustus.

Die römische Kaiserzeit

Unter Augustus nahm die Zeit der römischen Kaiser ih-
60 ren Anfang. Mit ihm begann auch eine Friedenszeit von fast 200 Jahren, die „Pax Romana". In dieser Zeit entstand ein zusammenhängendes Reich mit 40 Provinzen. Die Kaiser regierten das Reich mit seinen zahlreichen Völkern und Sprachen von der Millionenstadt Rom aus.
65 Ziel war es, den Frieden nach innen und nach außen zu sichern. Nichtrömische Bürger und Sklaven konnten ihren Status im Laufe der Zeit verbessern, z. B. durch Dienst in der Armee oder Freilassung aus dem Sklavenverhältnis. Die Sicherung der Reichsgrenzen lag in den
70 Händen eines großen Berufsheeres. Durch Grenzlegionen und den Bau zahlreicher Provinzstädte fanden römische Rechtsauffassungen, die lateinische Sprache, römische Lebensart und Technik im gesamten Reich Verbreitung. Dieser Prozess der Romanisierung gilt vor
75 allem für den westlichen Teil des Reichs; im östlichen Mittelmeerraum blieben die griechische Sprache und Lebensart erhalten.
Im Fernen Osten existierte gleichzeitig mit dem Römischen Reich eine zweite antike Weltmacht: das chinesi-
80 sche Kaiserreich.

Ab dem 3. Jahrhundert geriet das Römische Reich durch Bedrohungen von außen in eine Krise. Zur Finanzierung des Heeres wurden die Steuern und Abgaben immer weiter erhöht. Das Wirtschaftsleben erlahmte. Im Jahr
85 395 zerbrach das Römische Reich in eine westliche Hälfte, in der Lateinisch gesprochen wurde, und in eine griechisch bestimmte östliche Hälfte.

Judentum und Christentum im Römischen Reich

Die jüdische Religion ist die älteste Weltreligion und be-
90 stand bereits viele Jahrhunderte vor der Entstehung des Christentums. Ihre Anhänger führten im 1. und 2. Jahrhundert erbitterte Kriege gegen die römischen Eroberer in der Provinz Judäa. An deren Ende wurde Juden der Aufenthalt in Jerusalem und Umgebung verboten. Sie
95 wanderten in alle Teile der Mittelmeerwelt, nach Persien, Arabien und später nach Mitteleuropa aus.
Das Christentum entstand in der römischen Provinz Judäa durch den Religionsgründer Jesus von Nazaret. Es verbreitete sich zunächst im Osten des Römischen
100 Reichs. Da sich die Christen weigerten, den römischen Kaiser als Gott zu verehren und ihm zu opfern, wurden sie zeitweise verfolgt. Kaiser Konstantin gestand den Christen 313 die freie Religionsausübung zu. Unter Kaiser Theodosius wurde das Christentum 391 zur Staats-
105 religion.

In diesem Kapitel konntest du folgende Kompetenzen erwerben:

- die Entstehung Roms im Gründungsmythos wiedergeben und die Expansion vom Dorf zum Großreich darstellen
- den Aufbau der römischen Republik erläutern
- den Wandel der politischen Herrschaft von der Republik zum Kaiserreich analysieren
- die Lebensverhältnisse von Sklaven im Römischen Reich beurteilen

- die Folgen der Romanisierung der eroberten Gebiete erklären und ihre Nachwirkungen bis heute beurteilen
- Die Entwicklung von Judentum und Christentum im Römischen Reich beschreiben
- die Hauptgründe für den Zerfall des Römischen Reichs nennen
- **Methode:** Ein Schaubild auswerten
- **Methode:** Schriftliche Quellen vergleichen

Römisches Landgut (villa rustica) in Hechingen-Stein in Baden-Württemberg, Luftbildaufnahme, undatiert

Das Leben auf einem römischen Landgut, Modell, Limesmuseum Aalen, undatiert. Das Modell zeigt, wie das Leben auf einem römischen Gutshof ausgesehen haben könnte.

Sprachenmix:

Auf einer strata bedeckt mit plastrum nähert sich ein germanischer Händler auf seinem carrus dem römischen Gutshof. Seine Waren hat er sorgfältig verpackt in cista, saccus und corbis. Umgeben
5 war der Gutshof von einer murus. Durch die geöffnete porta gelangte er in den Innenhof. Jetzt stand er vor der villa, die mit roten tegulae gedeckt war. In der villa gab es eine camera und ein geheiztes Zimmer. An der Wand hing ein speculum. Jedes Zimmer hatte ein großes fenestra. Im
10 cellarium befand sich die riesige pressa, mit deren Hilfe vinum und mustum hergestellt wurden. Für seine Waren, Felle und Bernstein, erhielt der germanische Händler Obst und Gemüse wie prunum, persicum und radix; außerdem oleum, vi-
15 num und den guten caseus. Einige Waren ließ er sich auch in römischer moneta bezahlen.

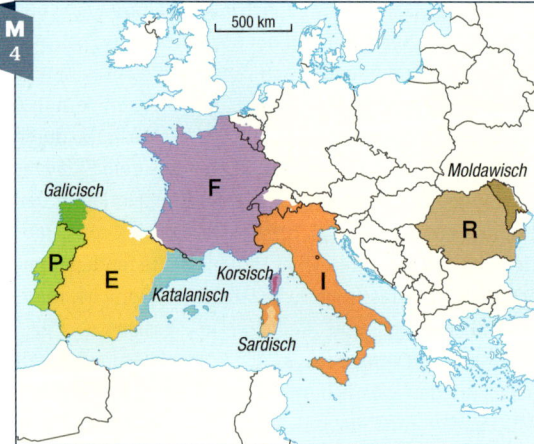

Wer spricht heute noch eine lateinische (= romanische) Sprache?

„Asterix als Legionär" – Diente die Berufsarmee der Römer zur Romanisierung der „Fremden"?

 Römische Glasflasche in Vogel-
form, in der Parfum aufbewahrt
wurde, gefunden in Damaskus,
1. Jh. v. Chr.

Sachkompetenz

1 Bereite einen Vortrag zu den wichtigen Stationen
der Expansion Roms vor. Nutze dazu die Zeitleiste
6/7 und die Seiten 16/17.

2 Vergleiche das Aussehen der römischen Legionäre in
M5 mit der Zeichnung des Legionärs auf Seite 43.
Hat der Comic-Zeichner an alles gedacht? Worauf
würdest du ihn aufmerksam machen?

3 Erkläre, warum die römische Berufsarmee zur
Romanisierung der Fremden diente.

4 Ordne mithilfe von M4 in einer Tabelle die heutigen
„lateinischen oder romanischen Sprachen" einzelnen
Ländern zu (z. B. Galicisch = in Spanien …)

Methodenkompetenz

5 Untersuche die Herrschaft des Augustus mithilfe des
Schaubildes auf S. 58, M3.
Tipp: Nutze die Arbeitsschritte „Ein Schaubild aus-
werten".

Urteilskompetenz

6 Schau dir M1 und M2 genau an. Erläutere, inwie-
fern die Abbildungen zeigen, dass die Römer die
Siedlungs- und Lebensweise der einheimischen
Bevölkerung veränderten.
Tipp: Nimm die Seiten 42/43 zur Hilfe.

7 Stelle den möglichen „Lebensweg" der Glasflasche
M6 dar: von der Herstellung in Germanien über den
Transport durch das Römische Reich bis zu ihrer
Ankunft in Damaskus in der römischen Provinz
Syria, wo sie durch einen Sturz zerstört wird.
Tipp: Überlege auch, mit welchen Transportmitteln
und auf welchen Wegen sie nach Damaskus gekom-
men ist. Schau dir dazu den Verlauf der Handels-
wege auf der Karte S. 40 an.

8 Im Text M3 findest du einige lateinische Wörter, die
im Deutschen als Lehnwörter vorkommen. Schreibe
sie heraus und übersetze ins Deutsche, z. B. strata –
Straße, plastrum – Pflaster usw.

Zusatzaufgaben

zu S. 16/17:

Kann ein Krieg „gerecht" sein?
Der römische Politiker Cicero äußerte sich im
1. Jh. n. Chr. zu ungerechten und gerechten
Kriegen:

Das sind ungerechte Kriege, die ohne Grund un-
ternommen worden sind. Denn nur dann kann
ein Krieg als gerecht gelten, wenn es sich darum
handelt, Rache an den Feinden zu nehmen oder
5 diese abzuwehren ... Ein Krieg gilt nur dann als
gerecht, wenn er vorher angekündigt und erklärt
wurde und wenn er zur Wiedergutmachung geführt wird ...
Cicero, Über den Staat, 3. Buch, Kap. 23. Übers. v. Verf.

Aus einem Jugendlexikon (1996):
Krieg ist die mit Waffengewalt ausgetragene Aus-
einandersetzung zwischen Staaten und Völkern ...
Die Frage nach der ... Berechtigung des Krieges
beschäftigt die Menschen seit Jahrtausenden.
5 Nach der Satzung der Vereinten Nationen
(UNO)[1] ist ein Krieg nur noch erlaubt als Mittel
der Selbstverteidigung oder als Maßnahme der
UNO, den Frieden aufrechtzuerhalten oder wiederherzustellen.
Der Jugend-Brockhaus, Bd. 2, Leipzig/Mannheim (Brock-
haus) 1996, S. 175f.

[1] *Die UNO ist eine Vereinigung zur Sicherung des*
Friedens auf der Welt. Sie wurde 1945 gegründet und
umfasst 193 Staaten (Stand 2015).

1 Lies M1 und erläutere, wie Cicero gerechte und ungerechte Kriege unterscheidet.
2 Stelle mithilfe von M2 fest, wie Krieg in unserer Zeit beschrieben wird.
3 Überprüfe mithilfe von M2, ob die Kriege gegen Karthargo von den Vereinten Nationen gutgeheißen werden
   würden.

zu S. 22/23:

1 Erstelle einen Personenkasten über Gaius Julius Caesar. Nimm die Informationen aus dem Darstellungstext auf
   S. 22 und S. 23, M4 zu Hilfe.

zu S. 24/25:

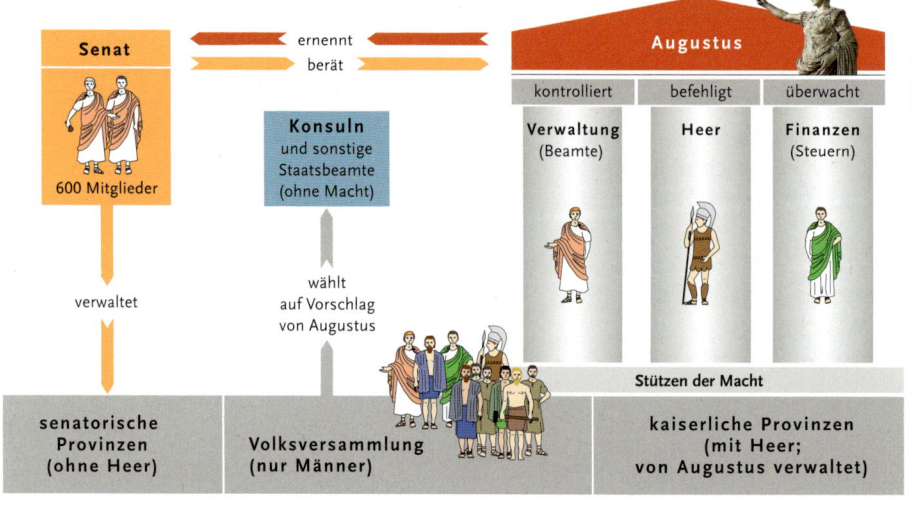

Die Verfassung in der römischen Kaiserzeit unter Augustus, Schaubild

1 Erläutere, worauf Augustus seine Macht stützte. Nimm das Schaubild M3 zu Hilfe.

zu S. 28/29:

Strabo (63 v. Chr.–20 n. Chr.), ein Grieche, der zur Zeit des Kaisers Augustus in Rom lebte, schrieb:

In Rom gibt es gepflasterte Straßen, Wasserleitungen und unterirdische Gräben, durch welche der Unrat aus der Stadt in den Tiber geleitet wird …
Rom besitzt ferner zahlreiche herrliche Bauwerke.
5 Viele davon stehen auf dem Marsfeld. Dieser Platz ist so groß, dass Wagenrennen und Pferdesport betrieben werden können, während sich gleichzeitig eine gewaltige Menge an Menschen im Ball- und Reifenspiel und im Ringen üben kann. Ferner gibt es
10 viele Theater, breite Straßen, prächtige Tempel, herrliche Wohngebäude und Paläste. Kommt man auf den alten Markt und sieht die prächtigen Bauten, die Tempel, Säulengänge und Wohngebäude, dann kann man leicht alles vergessen, was es sonst so gibt. So
15 schön ist Rom.

Strabon, 5, 3, S. 8ff. Zit. nach Walter Arend, Geschichte in Quellen, Bd. 1, 2. Aufl., München (bsv) 1975, S. 594f. Übers. v. Albert Forbiger, Bearb. v. Verf.

1 Erläutere mithilfe von M1, wie der Grieche Strabo die Stadt Rom zur Zeit des Kaisers Augustus beschrieb.

2 Erkläre die Aussage Z. 13–15.

zu S. 30/31:

Wohnhaus (villa) einer Adelsfamilie in Pompeji, Zeichnung, 1999

1 Arbeite aus M2 Informationen über die Lebensverhältnisse der reichen Menschen im antiken Rom heraus.

2 Vergleiche das Leben in einer römischen Villa mit den Wohnverhältnissen in einem Mietshaus (insula).

zu S. 50/51:

1 Recherchiere im Internet zu einer der christlichen Kirchen in Armenien, Äthiopien oder Ägypten („Kopten"). Stelle deine Ergebnisse in der Klasse vor.

Lösungshilfen zu den Seiten „Kompetenzen prüfen"

1   753 v. Chr.: Gründung Roms der Sage nach;
bis 272 v. Chr.: Rom unterwirft Nachbarvölker, Italien stand bis zum Fluss Po unter römischer Herrschaft;
264–133 v. Chr.: Rom wird durch Eroberungen in Afrika und Asien zur Großmacht (drei Kriege gegen Karthargo; Provinzen in Sizilien, Spanien und Nordafrika); ab dem 3. Jh. v. Chr. Eroberung der Nachfolgestaaten Alexanders des Großen im östlichen Mittelmeerraum (darunter Ägypten);
im 2. Jh. n. Chr. erreicht das Römische Reich seine größte Ausdehnung

2   Im Asterix-Comic fehlt z. B. das Marschgepäck: Schild, Spaten, Zeltplane/Ersatzkleidung, Sichel, Spitzhacke, Tornister mit Löffel, Messer, Reparaturwerkzeug, Koch- und Essgeschirr, private Kleinteile wie Kamm oder Schreibzeug.

3   Die Römer brachten neben Fachwissen auch ihre Lebensweise mit. Sie bauten Straßen, Kanäle und bewirtschafteten die Äcker. Mit den Römern kamen erstmals Obstsorten wie Pfirsiche und Kirschen nach Mitteleuropa. Sie bauten Steinhäuser, Wasserleitungen und Heizungen. Die römische Lebensweise bot im Vergleich zum Alltagsleben der einheimischen Völker ein bequemeres und fortschrittlicheres Leben. Durch die Nähe zum Kastell waren die Menschen gegen Angriffe geschützt. Da die Legionäre sich oft nach Ende ihrer Dienstzeit mit ihren Familien in der Nähe der Festungsanlagen und Kasernen niederließen, verbreitete sich die römische Lebensweise in den Grenzgebieten immer stärker.

4

Portugiesisch	in Portugal
Galicisch, Spanisch und Katalanisch	in Spanien
Französisch	in Belgien, Luxemburg und Frankreich
Korsisch, Italienisch und Sardisch	in Italien
Rätoromanisch	in der Schweiz und Italien
Rumänisch	in Rumänien
Moldawisch	in Moldawien

5   Arbeitsschritte:
zu 1: z. B. senatorische Provinzen, kaiserliche Provinzen, Konsuln;

zu 2–3: Das Schaubild ist von oben nach unten zu lesen, weil Augustus und der Senat im Zentrum der Macht stehen. Von ihnen geht die Herrschaft aus. Es gab den Senat und die Volksversammlung; zu den Ämtern zählten die Konsuln und sonstige Staatsbeamte, Verwaltungsbeamte und Senatoren.
zu 4–6: Senatoren wurden von Augustus ernannt, im Gegenzug berieten sie ihn. Sie verwalteten die senatorischen Provinzen. Dort waren keine Truppen stationiert. Die Volksversammlung wählte die Konsuln und sonstige Staatsbeamte (ohne Macht) auf Vorschlag von Augustus. Er ernannte die Senatoren, kontrollierte die Verwaltung, befehligte das Heer und überwachte die Finanzen. Er verwaltete die kaiserlichen Provinzen, in denen das Heer stationiert war. Augustus steht im Schaubild oben, weil er die Stützen der Macht innehatte: Dies waren die Verwaltung, das Heer und die Finanzen. Auch befehligte nur er alleine das Heer. Die Senatoren verwalteten zwar die senatorischen Provinzen, sie hatten faktisch aber, ebenso wie die anderen Beamten, keine Macht. Zur Volksversammlung zählten nur die römischen Männer. Frauen, Kinder, Sklavinnen und Sklaven hatten keine politischen Rechte.

6   M1: Zu erkennen sind Fundamente und Grundrisse eines römischen Landgutes (große Villa mit mehreren Zimmern und mindestens zwei Nebengebäuden). Zu sehen ist auch eine Rekonstruktion eines Gebäudes. Sie bauten einen Limes als Grenzschutz vor den Germanen. An den Grenzen errichteten sie im Zuge ihrer Expansion militärische Befestigungsanlagen (Kastelle) und Siedlungen. Römer, die sich in Obergermanien niederließen, brachten neben Spezialwissen (Ärzte, Architekten, Feldvermesser, Schiff- und Wagenbauer) auch die römische Lebensweise (Sprache und Schrift, Wasserleitungen, Heizung, Alltagsgegenstände) mit. Sie wurde von den unterworfenen Völkern übernommen.
M2: Zu sehen sind ein Haus und ein Hof. Auf dem Hof stehen eine Säule und dahinter ein kleiner Altar. Beide haben eine religiöse Funktion. Haus und Hof sind von einer Mauer umgeben. Auf dem Hof befinden sich viele Bauern mit ihrem Vieh. Die Tiere grasen wahrscheinlich auf den Feldern außerhalb des Hofes. Das Leben auf dem Hof war wohl von der Landwirtschaft und vom Handel ge-

prägt. Es sind auch Wagen zu sehen, mit denen die Ernte sowie andere Güter transportiert werden konnten.

7 Hilfsmittel: Karte S. 40 M1. Mögliche Lösung: Hergestellt in einer Glasbläserei in Augusta Treverorum (Trier); verkauft an eine gallische Familie; diese schenkt die Flasche einem befreundeten Römer, der sie an einen Händler weiterverkauft. Auf einer Fernstraße wird die Flasche im Wagen nach Marseilles gebracht. Dort verkauft der Händler sie an einen Ägypter, der sie auf dem Schiff nach Alexandria mitnimmt; in Alexandria wird sie zwischengelagert und gelangt einige Monate später in das Gepäck einer Handelskarawane mit Ziel Schwarzes Meer. Bei einer Zwischenstation in Da-maskus verkauft ein Händler sie an einen römischen Beamten der Provinz Syria. Dieser zeigt sie wenig später den Gästen, die er zu seinem Geburtstag eingeladen hat. Durch eine Unachtsamkeit fällt die Glasflasche auf den Mosaikboden und zerbricht.

8 strata = Straße, plastrum = Pflaster, carrus = Wagen, cista = Kiste, saccus = Sack, corbis = Korb, murus = Mauer, porta = Pforte, villa = Haus, tegulae = Ziegel, camera = Kammer, speculum = Spiegel, fenestra = Fenster, cellarium = Keller, pressa = Presse, vinum = Wein, mustum = Most (Saft), prunum = Pflaume, persicum = Pfirsich, radix = Radieschen, oleum = Öl, caseus = Käse, moneta = Geld

Bildquellen

Abbildungen:

Cover: © Jan-Peter Boening/Zenit/laif; 24 M1, 3 u., 55 re.: bpk/
Scala; 7 M2: akgimages/Erich Lessing; 7 M3: Mauritius images/United
Archives; 7 M4: Huber Images/© Bildagentur Huber/R. Schmid;
22 M1: Imago ; 4, 23 M2: Staatliche Münzsammlung, München; 23
M3: akgimages/Bible Land Pictures; 9 M3, 54: Cultureimages cultu-
reimages/Photo12; 54: John Woodworth/Robert Harding/World
Imagery/Corbis; 55: akgimages/British Library; 26 M3: picture alli-
ance/United Archiv; 45: PicturePress/Jochen Stuhrmann/GeoEpoche;
10 M1: Bridgeman Art Library; 12 M1: Cultureimages/uig; 13 M2:
Numismatische Bilddatenbank Eichstätt; 16 M1: Corbis © GiU anni
Dagli Orti; 18 M1: Interfoto/Wilfried Wirth; 18 M2: F1 online; 19
M3: Mauritius images Westend61; 20 M1: Staatliche Antikensamm-
lung und Glyptothek München/Christa Koppermann; 21 M4: Mauritius images/Alamy; 25 M2: akgimages/Erich Lessing; 32 M1: akgimages; 32 M2: Cultureimages/fai; 34 M1: Museum am Dom Trier; 34
M2: akgimages De Agostini Picture Lib.; 35 M3: © Deutsches Archäo-
logisches Institut Rom; 35 M4: AbgussSammlung Antiker Plastik Ber-
lin; 36 M1: picture alliance/Heritage Image; 37 M3: akgimages; 37
M4: bpk/Scala – courtesy of the Ministero Beni e Att. Culturali; 37
M5: Corbis © Alinari Archives/CORBIS; 38 M1: Mauritius images/
imageBROKER/Katja Kreder; 39 M3: Kulturamt der Stadt Kempten
(Allgäu) – R. Mayrock; 39 M5: www.asterix.com © 2014, LES EDI-
TIONS ALBERT RENE; 40 M2: Mauritius images/Alamy; 41 M4:
Mauritius images/corbis; 43 M3:Ulrich Sauerborn/Limesmuseum
Aalen; 45 M3: picture alliance/Museum Kalkriese; 46 M1: Cor-
bis/© Wang Miao/Redlink/Redlink/Corbis; 46 M3: akgimages/
Rabatti – Domingie; 48 M1: Süddeutsche Zeitung DIZ Jose Giribas/
Süddeutsche Zeitung Photo; 49 M2: akgimages/Bible Land Pictures/
Jerusalem Photo by: Z.Radovan; 50 M1: Bridgeman Art Library; 51
M3: akgimages; 52 M1: picture alliance/Artcolor; 53 M2: © epdbild/
Historisches Museum der Pfalz; 56 M1: Römisches Freilichtmuseum
HechingenStein; 56 M2: Ulrich Sauerborn/Limesmusuem Aalen; 57
M5: www.asterix.com © 2014 LES EDITIONS ALBERT RENE; 57 M6:
Bridgeman Art Library.

Grafik/Illustrationen/Karten:

Thomas Binder, Magdeburg: 10 M2, 59 M2; Carlos Borrell Eiköter,
Berlin: 6 M1, 17 M2 l.2.v.o., 17 M2 l.2.v.u., 17 M2 l.o., 17 M2 l.u.,
17 M2 r., 28 M1, 40 M1, 42 M1, 44 M1, 47 M4, 49 M3, 51 M2, 53
M2, 56 M4; Elisabeth Galas, Bad Breisig: 15 M2, 21 M2; 39 M2; 58
M3; Carsten Märtin, Oldenburg: 41 M3; Michael Teßmer, Hamburg:
21 M1; Hans Wunderlich, Berlin: 8 M1, 33 M5